成果が出る！ 人が育つ！

マネジャーの仕事100の基本

エンゲージメントを高める
チームマネジメント

100 PRINCIPLES FOR
EVERY MANAGER

コーン・フェリー・ジャパン

綱島邦夫 編著

柏倉大泰　吉本智康 著

日本能率協会マネジメントセンター

はじめに

　世界が激動し、ビジネス環境が予測つかないほどに変化していったとしても、どのような業界や規模の会社であれ、組織を成長させる原動力は中間管理職の大多数を占めるマネジャーにあることには変わりありません。

　そこで本書では、皆さんが会社の期待に応えながら管理職としての技能を開発し、ビジネスパーソンとして成長していくために役立つ考え方や技術を100項目紹介していきます。

　まず、マネジャーが最も大切にしたいことは、会社のパーパス（存在意義）、組織が向かう方向と目標、メンバーの夢と希望を正しく理解し、それを両立させる組織のエンジンになる"中核管理職"としての自覚です。

　その自覚のもと、「チーム目標の達成」「メンバーとチームの成長支援」「エンゲージメントを高めるチームマネジメント」など期待されている職務（ジョブ）を推進していきます。

　ここで言う「職務」とは、マネジャーとして担う役割と果たすべき責任のことです。

　これからの日本は作れば売れるプロダクトアウトから、顧客が望む付加価値の高い商品・サービスをスピーディーに提供していくユーザーインが求められる時代に移っていきます。

　ここで言う「顧客が望む付加価値の高い商品・サービス」は不

変ではなく、環境変化が起こればその内容は変わります。

　その変化にいち早く対応しなければならないのが現在であり、ロシアのウクライナ侵攻でエネルギー確保のリスクや原材料費高騰の問題が勃発したように、今後はさらに環境激変の様相は強まっていきます。

　ユーザーインのビジネスでは、顧客個々のニーズに迅速に応じていく組織の仕組みや社員のスキルが成否を左右します。

　社員のスキルを高めていくには、組織のメンバー1人ひとりが明確な役割と責任を持ち、その役割と責任を適切に果たしていく働き方を推進していくことが重要になります。

　また、コンプライアンス意識の高まりも役割と責任に焦点を当てた働き方を考えるきっかけになりました。

　かつての日本では上司と部下の上下関係によるトップダウン型マネジメントが主流でしたが、それがハラスメントの温床にもなっていました。

　しかしここ最近は、上司と部下は上下関係ではなく、チームの一員としてそれぞれが役割に応じてチーム目標を達成するイコールパートナーへと変わりつつあります。

　上司はチームメンバーのパフォーマンスを最大出力する役割を担い、メンバーはチームの目標達成に向けて自分の専門性を発揮する役割を担うというように、各人の役割分担が明確になってきています。まさに、役割と責任に焦点を当てた働き方です。

　今から30年ほど前の1990年代初頭、日本のGDP（国内総生産）は米国の4分の3にせまり、中国のGDPは日本の10分の1にも

及びませんでした。

　しかし2010年、日本はそれまで世界2位の座を中国に明け渡して以来GDPはほぼ横ばいの一方、米国と中国は飛躍的に数字を伸ばし、2023年には米国の6分の1以下、中国の4分の1以下と大きな差がついてしまったのです。

　これが、先進国では過去に例がない、日本企業の長期低迷となる「失われた30年」です。今後この状態が続いていけば日本が再び世界を席巻する日は戻ってはこないでしょう。

　その事態を避けるには、日本企業はイノベーションの推進と生産性の向上を通じて、成長力を復活しなければなりません。そのカギとなるのが、役割と責任に焦点を当てた働き方です。

　興味深いデータがあります。米国の世論調査会社ギャラップ社による「グローバル職場環境調査」によれば、仕事への熱意や職場への愛着を示すワークエンゲージメントが高い社員の割合の2022年のスコアにおいて、日本は5%と調査対象国125カ国中124位でした。

　主要国平均の23%と比較しても、最悪の状態と言っていいかもしれません。

　筆者が属するコーン・フェリーがグローバルに実施するエンゲージメント調査でも同様の傾向が見てとれます。

　この実態を踏まえて、これからの日本企業のビジネスパーソンはどのような働き方を目指すべきなのでしょうか？

　先が読めない時代では、ハイパフォーマーのリーダーが1人で組織を引っ張ることはもはや不可能です。

かつてマサチューセッツ工科大学のピーター・センゲ教授が「学習する組織が大事になる」と語ったように、これからはビジネスパーソン1人ひとりが学習を通じて自発的に課題を見つけ、仲間とその課題を共有し解決していく仕事の仕方に変え、1人ひとりの力をチームの総力に活かすことが求められます。

　そうした働き方を通じてビジネスパーソンが自己成長を図り、夢を実現するようなキャリアを築いていくことが大切になっていきます。

　その中心的な役割を担うのが、会社の戦略を実行に移し、チームの成果創出とメンバーの成長支援を行うマネジャーです。

　ところで、自分もメンバーも仕事を通じて成長していくには、チームの風土の状態がとても重要なカギを握ります。

　1990年代、米国のコンピューター企業の多くが崩壊するなかで、倒産の危機に瀕したIBMにCEOとして乗り込み、「技術とハードのIBMからグローバルITサービス企業」への変身を実現し再生に導いたルイス・ガースナー氏は「企業文化がすべてだ」というメッセージを発信し、その根底になるマネジャー級の社員が軽快な組織風土を開発するための全社的な活動を推進しました。

　グーグルを大企業に成長させた元CEOのエリック・シュミット氏は「重要なことは、グーグルの文化を維持することだ」と語っています。

　米ビジネス誌フォーチュンが毎年発表する「世界で最も称賛される企業」に常にランクインする米国の物流会社フェデックスには「困ったら新人に聞け」という言葉に示されるボトムアップの

文化があります。

　アマゾン創業者のジェフ・ベゾス氏は「Customer First（顧客第一）」という陳腐な標語ではなく、「Customer Obsession（顧客執着）」を社員の行動指針の第1条に掲げ、強烈な顧客起点の組織文化・組織風土を開発しています。

　これらを見ると、まさに成長を続ける企業とその社員は組織風土を大切にし、チーム一丸となって持てる力を顧客に向ける経営を心掛けていることがわかります。

　そしてそれらを現場で推進しているのが、チームメンバー1人ひとりのパワーを全開させるマネジャーなのです。

　本書ではこうした背景のもと、これからの時代に向けてマネジャーが意欲を持って毎日が充実する働き方とは何かに焦点を当て、その働き方を実践していくための仕事のあり方を組織人事コンサルティングの知見と筆者自身のマネジメントの経験をもとに解説していきます。

　冒頭に述べたように、本書はマネジャーに求められる考え方や技術を100項目取り上げています。目次を見ていただき、皆さんにとって関心のあるテーマ、課題や不安を感じているテーマから拾い読みしていただくことも想定しています。

　この本が皆さんの成長と豊かなキャリアを築くバイブルとして、いつも手元に置いていただくことを願っています。

第1章 マネジャーの役割と仕事

第2章 マネジメントスキルの開発

第3章 リーダーシップの発揮

第4章　メンバーの成長支援と自主的目標管理

第5章 顧客起点の業務プロセス

第6章 これからのマネジャーの視座

第 1 章

マネジャーの役割と仕事

マネジャーは、目標を設定し、組織を作り、動機づけを行い、コミュニケーションし、評価し、人材を開発する。

ピーター・F・ドラッカー

マネジャーには、会社の持続的成長を担う役割があります。

　しかし、今期の目標達成に目が向きがちで、意外にチームとメンバーの成長はマネジャーにとっての優先順位が低いように感じます。

　確かに、現場を取り仕切って業績目標を達成するのはマネジャーの役割です。

　ただ、マネジャーが「チームとメンバーの成長が組織全体の成長につながる」ことをよく腹落ちさせていないと、この役割を安定して果たすことはできません。

　また、マネジャーは、会社の戦略を実現する一員です。

　戦略実現には、自社そのものと自社を取り巻く環境をよく知らなければなりません。

　戦略実現の役割は上位役職者ほど重くなりますが、マネジャーも当然その役割を果たす1人です。

　そして会社からのその期待をモチベーションにして、自チームを働きやすい職場にしていくことでメンバーの成長を図る、それがマネジャーのミッションです。

　第1章ではマネジャーが果たすべき役割と仕事について、まずは自社及び自チームの働き方を考えるための視点を解説していきます。

これからのマネジャーの役割

職務に創意工夫を加えなければ、付加価値は生まれない

　皆さんは、マネジャーの仕事をどのように捉えていますか。一般的には、「チームの目標管理」「メンバーの成長支援」を通じて経営に貢献するためのマネジメント業務の遂行です。

　経済が右肩上がりに成長する時代はそれでよかったのですが、全体の需要が鈍化しているなかで持続的成長を図っていくには、さらにもう一段上のマネジメントを目指さなくてはなりません。

　そのカギが、付加価値の創出です。

　付加価値のある商品・サービスを提供することで顧客との関係を強化しながら、新規顧客を開拓する役割が大事になってきているからです。

　このことを考えるにあたり、仕事を意味するジョブとタスクの違いを見てみることにしましょう。

　まず、**「ジョブ」とは、社員1人ひとりが責任を持って果たすべき「職務」のこと**です。簡単に言うと「組織内での役割」です。営業なら営業として果たす役割のことであり、創意工夫次第で付加価値の高い成果が創出できます。

　一方の**「タスク」とはやり方や方法がわかっている「業務」のこと**です。経験に従い作業能率を上げたり、品質を改善することができますが、付加価値の高い成果の創出にはなりません。

現在、日本企業が抱えているほとんどの問題は、多くの社員が付加価値を生むジョブよりも、日々のタスクの処理に労働時間の多くを費やしていることです。

　タスク処理型の働き方がこのまま続けば、いくら会社が社員にはっぱをかけても変化や変革は起きません。

　しかし、**ジョブを創意工夫する働き方にしていけば、課題を自分ごととして捉え、社員が自律的に解決に取り組んでくれるようになります。**これが、今後日本企業が期待する働き方です。

　その働き方を現場から推進し、メンバーの付加価値創出の支援をすることで働く意欲を高めていくのが、これからのマネジャーの主要な役割です。

　そのために考慮すべきことが次の4点です。

①メンバーの個性を活かし、人と組織の成長に貢献する意志

②個人力とチーム力を最大出力するマネジメント力

③自らが起点になり、顧客・社会の課題解決を図る取り組み

④中核管理職だと自覚し、顧客価値の創造・生産性の向上・イノベーションの創出を通じて企業の成長を牽引する実行力

　現場のことをよく知るマネジャーが、顧客と社会への価値創造の実現を支援するキーパーソンとして活動することが、人と組織を成長させる原動力になります。

Key Point

これからのマネジャーの主要な役割は、メンバーの付加価値創出の支援を通じて働く意欲を高めていくこと

これからのマネジメントとリーダーシップ

良いマネジメントを通じて、リーダーシップを発揮する

　チーム運営を行うには、マネジャーとしてのマネジメントのあり方とリーダーシップのあり方の違いを正しく理解しておかなければなりません。

　一般的にマネジャーが行うマネジメントは、チームの年度目標などのミッションを達成するために組織が持つヒト・モノ・カネ・情報等のリソースを管理して組織を運営することです。

　一方、マネジャーが発揮すべきリーダーシップは、将来的にありたい姿、つまりビジョンの実現に向けて、メンバーの指導や支援を行いながら組織を統率する信頼の確立です。

　かつてマネジメントにおいて不幸な出来事が2つありました。

　いずれも米国のことですが、1つはピラミッド型のヒエラルキー型組織が硬直化したことです。このことで多くの企業がフラット型組織に改革して意思決定を早めようとしました。日本企業も同様の動きをしましたが、多くの企業は経営層自体はフラット化しませんでした。現場だけをフラット化したのです。

　これにより日本企業のマネジャーはプレイヤーの仕事も余儀なくされ、プレイングマネジャーが多く生み出されました。

　プレイングマネジャーは自分の成果を優先させがちになり、本

来優先的に取り組むべき部下の指導・育成が疎かとなったことで人材育成が十分果たされないことになりました。

もう1つの不幸は、「マネジメントは業績管理と改善」であり、「リーダーシップは将来に向けての改革」と双方を分けたことです。これにより、マネジャーの役割は現場のオペレーションをまわすことであり、委ねられた権限の範囲で粛々と仕事をすればよいとの認識が生まれてしまいました。

これからのマネジャーの最大の役割は、メンバーの職務の遂行を支援しながら成長を促すことで組織を持続的に発展させていくことです。

それにはまずは責務としてマネジメントをしっかり行い、良いマネジメントを通じて信頼感のあるリーダーシップを発揮していくことです。それが良いマネジャーの条件です。

ただ、この条件を満たすのは一筋縄ではいかないかもしれません。チームの運営管理というマネジメントはできても、信頼という人間性が大きく関係するリーダーシップはコミュニケーションの取り方に左右されるからです。

そこで、**良いリーダーシップを身につけるには、何事につけ公平と公正を心がけ、誰に対しても真摯に接することが大事**です。

Key Point
良いリーダーシップを身につけるには、何事につけ公平と公正を心がけ、誰に対しても真摯に接する

ジョブクラフティングのすすめ

マネジャーが良い働き方をすれば、メンバーにもそれが伝染する

　メンバーのモチベーションが上がる職場づくりのカギの1つが、マネジャー自身のジョブクラフティングです。

　ジョブクラフティングとは、担当する仕事を与えられたものではなく主体的に取り組むべきものとして捉え、自分のやり方で仕事を進め、良い成果を出す働き方です。

　マネジャーがジョブクラフティングすることで、メンバーの活動の方向性や質・量が変わり、チーム全体が活性化します。

　それにより、メンバーは自分の仕事を自分で広げていきます。

　こうした風土をつくるには、「自律的な働き方とは何か？」をいつも念頭に置きながら、メンバーとチームの成長のために、「ノウハウ」「問題解決」「達成責任」の3点から職務価値の向上を考えます。

①ノウハウ

　マネジャーはポストに求められる知識・経験・スキルは何かを自問し、一段高いものを目指す。要素は3つ。

1）**実務的・専門的ノウハウ**：そのポストには、どれくらい広く深い知識・経験・スキルが必要か？

2）**マネジメントノウハウ**：そのポストは、どのような職務を扱

い、どのようにマネジメントするか？

3）**対人関係スキル**：そのポストには、どのような人たちとの折衝があり、どのような対人関係スキルが必要か？

②問題解決

目標達成までの課題を予測し、それらの課題の解決策を分析的に考え、実行していく。その要素は次の2つ。

1）**課題の重要度**：そのポストが解決すべき課題の重要度は「経験」「スキル」に照らし合わせてどれくらいか？

2）**課題への挑戦度**：そのポストが解決すべき課題の挑戦度は「経験」「スキル」に照らし合わせてどれくらいか？

③達成責任

目標達成に責任を持つうえで、自分の権限外の意思決定の場面では「権限の範囲内でできる判断は何か？」「上長の支援をどの時点で求めるか？」を考える。その要素は次の3つ。

1）**権限の範囲**：どの権限レベルまで意思決定ができるか？

2）**責任の範囲**：そのポストが負う責任範囲はどこまでか？

3）**貢献の評価**：会社全体にどのような貢献をするのか？

マネジャーには、チームの成長になる職務を果たすことで会社全体の付加価値を上げることが期待されています。

Key Point
メンバーとチームの成長のために、「ノウハウ」「問題解決」「達成責任」の3点から職務価値の向上を考える

マネジャーとしての成長

メンバーの成長支援を通じて自分も成長する

　マネジャーの役割は「チームの目標管理」「メンバーの育成支援」そして「付加価値の創出」と先に述べました。

　このうち、目標管理と付加価値についてはマネジャーは自分の役割として取り組みますが、メンバーの成長支援、そしてマネジャー自身のスキル開発についてはどうでしょうか？

　基本的には、どれも同等に重要です。ただ、目標管理と付加価値は結果を定量的に判断できるので比較的取り組みやすいですが、メンバーの成長支援と自身のスキル開発については属人的に行われることが多く、どのように取り組み、何をもって結果が出たかが判断しにくいのが実際のところではないでしょうか？

　特に、マネジャー自身のスキル開発はメンバーよりも後回しになっていることが多いようです。

　その背景には、日本企業ではこれまで成果創出の目標管理については上司からの指導が徹底されてきましたが、部下育成や自己啓発の手法が教育される機会があまりなく、具体的にどう取り組めばよいかがわからないことがその要因として挙げられます。

　だからでしょうか、日常業務を通じて成り行き任せにしていることがあるように思います。

また、マネジャーとしての日常業務に忙殺されていると、自分自身の成長を考えるゆとりが持てないかもしれません。

　ただ、仕事のスキルは日常業務の経験度合いに比して向上していくものです。そして、スキル向上には目的意識を持って取り組むことが大事であり、マネジメント業務を自己成長の手段の1つだと意識することで成果の現れ方が違ってきます。そして、スキル向上に役立つのが、行動喚起のフレームワークです。

　筆者が行っているリーダー層の人材育成支援では、新任者に対して成長段階ごとに次の6つの要素の修得を推奨しています。

段階1：自律性とキャリアビジョンの確立
　　1．仕事に意義を見出す───ジョブクラフティング
　　2．自らの個性を知る───自己認識
段階2：価値創造による顧客満足の向上
　　3．顧客の真のニーズをイメージする───イマジネーション
　　4．周囲を包み込む───インクルージョン
　　5．自律的に計画し、結果を生み出す───イニシエーション
段階3：生産性の向上とイノベーションの実現
　　6．メンバーに権限を付与する───アジャイルマネジメント

　次項から、この6点の要点を見ていきましょう。

Key Point
マネジメント業務は自己成長の手段の1つだと意識することで成果の現れ方が違ってくる

段階1：自律性とキャリアビジョンの確立

仕事の意義の確認と
自律的な創意工夫

1．仕事に意義を見出す――ジョブクラフティング

　先述したジョブクラフティングは、米イェール大学経営大学院エイミー・レズネスキー准教授とミシガン大学ジェーン・E・ダットン教授が提唱した働き方の理論で、**働く人が仕事の意義の認知や行動を自律的に創意工夫していくことで、やらされ感のある仕事をやりがいのある仕事に変えていく取り組み**です。

　ジョブ（職務）を自分でクラフトする（念入りにつくる）ことでモチベーションを上げ、成果を創出する狙いがあります。

　マネジャーとはチーム目標の達成計画を立て、メンバーの成長を鑑みながら全員で計画を実行していく推進役です。

　このとき、担当業務にやらされ感があるとノルマを追う辛い作業になりかねませんが、自律的に仕事を進められるようにすれば、自分で仕事を仕切る充実感が生まれ、それがやりがいになります。これが、ジョブクラフティングです。

　ジョブクラフティングでまず始めることは、仕事の意義をはっきりさせることです。そこでマネジャーは、自チームの存在意義は何かを明文化し、チームメンバーと共有します。

　自分たちの仕事が、顧客や社内でどのように意味のあるものなのかを確認し合うことで働く動機が強化されます。

2．自らの個性を知る ── 自己認識

　自らの個性を知る、つまり**強みと課題を知ることでマネジャーとしての成長をドライブ**します。

　個性を知る方法に、「コンピテンシー」「経験」「性格特性」「動機づけ要因」の4つの視点からの自己分析があります。これは業績や行動という顕在化した要因と、性格や動機といった潜在的な要因も併せて、人材を全人格的に捉えるものです。

　これらがはっきり分析できれば、自分に適した役割と責任がわかり、キャリア開発していくための指針になります。

［**コンピテンシー**］

職務で成功するために必要となる観察可能なスキルや行動

例：分析思考、概念思考、グローバルな視点、関係構築力、チームリーダーシップ

［**経験**］

将来の機会（チャンス）に備えて行ってきた任務や役割

例：昇進や異動、海外赴任、赤字事業の再生、新規事業の開発

［**性格特性**］

行動に強い影響を及ぼす個人の生来の性向

例：粘り強さ、リスクテイク、自信、達成意欲、好奇心

［**動機づけ要因**］

本人のキャリアやモチベーションに影響を与える価値観や関心

例：権力・地位、チャレンジ、コラボレーション

Key Point

担当業務をやりがいのある仕事に変えるジョブクラフティング、4つの視点からの自己分析によるキャリア開発

段階2:価値創造による顧客満足の向上

顧客価値創造の源泉となるのが メンバーの個性が発揮できる風土

3．顧客の真のニーズをイメージする ── イマジネーション

　古典的なマーケティング理論でありながら、顧客価値のあり方を説く普遍的な法則に「ドリルの穴理論」があります。

　米国のマーケティング学者セオドア・レビットが「顧客が買うのは商品ではなく、ベネフィットである」ことを「ドリルを買う人が欲しいのは穴である」と例えを使って提唱した、顧客は商品を通じて価値を購入していることを示した理論です。

　これは、ビジネスを成功させるには顧客価値の見極めが大切だということを伝えるものですが、顧客が求める本当の価値は表面的なニーズからは見えてきません。例えば、機能や価格を満たせても、環境意識の高い顧客の価値観によっては廃棄のことも考慮していないと商品価値は充足されません。

　こうしたことに気づくには、**携わるビジネスと世の中のトレンドがどう関係するのかにアンテナを張る**ことです。

　良い戦略の出発点には論理的な分析だけではない、想像（イマジネーション）が必ず存在します。

　イマジネーションのスキルを磨くことで課題解決のための良いテーマが発見できます。

　そのためには外に出て、顧客接点を増やして生（ナマ）の情報を得るこ

とであり、**何事にも「興味」「好奇心」を失わない**ことです。

　好奇心と創造性、そうした感性から得た情報を抽象化してコンセプトにする思考習慣は、構想力を鍛えることになります。

４．周囲を包み込む──インクルージョン

　インクルージョンとは「受容」や「包括」という意味ですが、ビジネスにおいては「すべての社員が能力や経験等にかかわらず個性が受容され、自由闊達に発言できる職場のあり方」を表します。

　メンバー１人ひとりがそれぞれの想いを否定されずに発言できることは、多面的な視点からの価値創造につながります。

　よってマネジャーは、メンバーそれぞれの個性を目標に向けてまとめ上げる仕組みを考えます。

　これが、インクルージョンの活用のあり方です。

　DE&I（ダイバーシティ、エクイティ＆インクルージョン）や心理的安全性は、多様（ダイバース）な人たちの個性が尊重され、お互いが認め合うインクルーシブな組織風土があって機能します。

　会社のビジョンをチーム内で共有し、メンバー１人ひとりを尊重し、成長支援に注力するなど、メンバーが主体的に動けるようになるために必要なマネジメントを行ってこそ、士気が高く一体感の強い組織風土がつくれ、その結果としてチームとしての想像性が強化されます。

　組織風土は企業文化を構成する重要な要素の１つです。企業文化は会社の歴史やDNAにより培われるものであり、簡単に変えられません。しかし、風土はリーダーの意志と行動により変容させることが可能です。

プロ野球のチームが伝統を継承しながら、監督によってチームの雰囲気が変わり、それが成績に関係してくるのと同じです。

　筆者が参加しているコーン・フェリーの源流にあるヘイグループはハーバード大学と共同で企業力を構成する様々な要素と業績との相関について研究したことがあります。そこから技術やブランドなどのハードな力だけではなく、ソフトな力の組織風土が業績の30%に貢献していることがわかりました。

　このときの共同調査では、組織風土は次の6つの視点で捉えるのが有効だとしています。

1) **柔軟性**：社員は規則やルールにどの程度束縛されているか。創意工夫の余地や自由度がどの程度あるか。

2) **責任**：社員は支持された役割や目標を超え、どれだけ当事者意識をもって業務に取り組んでいるか。

3) **基準**：社員は高い成果や高い目標にどの程度挑戦しているか。改善・改良をどれだけ進めているか。

4) **評価・処遇**：メンバーは自らの貢献がどれだけ認知され、評価されていると感じているか。やりがいをどれだけ感じているか。

5) **方向の明確性**：メンバーは会社が目指す方向をどの程度共有し、理解しているか。その方向にどの程度納得しているか。

6) **チーム結束**：メンバーはバラバラに働くのではなく、どの程度協力しているか。高い目標にチームとして結束し、取り組んでいるか。

5．自律的に計画し、結果を出す ── イニシエーション

　チームそして個人としても成長につながる成果を出すために
は、自主的な目標管理の仕組みが必要です。

　そのカギが、イニシエーションです。

　**イニシエーションの本来の意味は入学式や成人式などの「通過
儀礼」ですが、ビジネスでは「日常業務を通じて組織の一員とし
て承認されること」**を意味し、協調的な風土づくりに大切な考え
方です。

　そもそも、チーム目標は協調的でなければ計画的に進みませ
ん。そのため、「顧客価値の創造」などの共通目標を決め、そこ
に矢印を合わせるマネジメントがその成否のカギを握ります。

　ドラッカーが「自主的な目標管理こそが経営の哲学だ」と述べ
ているその真意は、社員1人ひとりが組織そして自分の目標に主
体的に取り組むことで働く意欲が湧き、それにより自ら進捗を管
理し計画的に結果を出すことにあります。

　これが、社員の成長と組織の成果創出の継続につながります。

　**社員は成長実感が喜びとなれば、より野心的な目標に自主的に
取り組むようになり、組織が発展していきます。**

　よって、マネジャーはイニシエーションを意識して、メンバー
が自律的にそして協調的に働けるように自主的な目標管理を運用
していきます。

Key Point

顧客の真のニーズを掴むイマジネーション、個性が受容されるインク
ルージョン、チームの一員として承認されるイニシエーション

段階3：生産性の向上とイノベーションの実現

メンバーに権限を付与すると
責任感とやる気が強まる

6．メンバーに権限を付与する──アジャイルマネジメント

VUCA（絶え間なく変化し、予測ができず、複雑で曖昧模糊）の時代に企業が顧客起点で真に価値のあるサービスを生み出すには、トップダウンのヒエラルキー型から俊敏性に優れたアジャイルマネジメントへの変革が必要です。

アジャイルとは「俊敏な」という意味であり、アジャイルマネジメントとは、メンバー1人ひとりに権限を付与し、その責任において迅速に課題解決を図るマネジメントのあり方です。

アジャイルマネジメントは、そもそもは顧客から大小様々な要望が寄せられるシステム開発のプロジェクトマネジメントで始まった手法です。この手法により、生産性が劇的に向上したことで組織運営にも活用されはじめました。

メンバーそれぞれが小さなPDCAを回しながら臨機応変に問題解決していくことで、目標達成を確実に、しかも早期に実現することができます。

変化が予測しにくい現在のビジネス環境では、計画変更を織り込みながらチーム運営していくことがある意味必然になってきています。

これは、朝令暮改がいつでも起こることを前提に、臨機応変に変化対応する準備が必要だということです。

　また、メンバーのスキル向上という面でも、1人ひとりが自分の役割を自覚し、自律的に判断する経験がとても重要です。

　これにより、生産性の向上だけでなく、メンバー個々の個性が尊重されることから生まれる、多様な発想からのイノベーションの創出につなげることができます。

　ただし、アジャイルマネジメントはメンバー各人が自分の仕事に責任を持つことが前提条件です。その責任を果たすには、担う役割に必要なスキルを備えていなければなりません。

　また、現場での判断には決済の基準などチームとしての共通のルールが決められていることが前提です。

　そのうえでチーム全体に一定の自律性が担保され、適所適材のアサインメントが成否のカギを握ります。

　そして**何よりも大切なことは、チーム内での信頼感**です。

　マネジャーはメンバーを信頼して権限を付与するのであり、メンバーもその信頼感を受け止めて仕事の目的を認識できることで、責任を果たそうという使命感が湧いてきます。

　このことがメンバーの成長にもなり、チームや会社への愛着心であるエンゲージメントを高めることにもなります。

Key Point

アジャイルマネジメントによって、メンバーは小さなPDCAを回して問題解決することで、目標達成を早期に確実に実現できる

継続的な生産性向上への取り組み

最小のリソースで最大の成果創出は効率化とイノベーションを生む

マネジャーはチームの「生産性」をいかに上げ続けるかが問われます。**生産性は「成果÷リソース」**です。

例えば、営業の目標達成率100%のときに使ったリソースが70%なら、生産性はおよそ140%です。高い成果を出すためには、お金や時間などのリソースをどう活用するかがカギです。

最少のリソースで最大の成果創出が実現できれば、仕事の効率化だけでなく、イノベーションのヒントも得られます。

筆者がかつて在籍したマッキンゼーのコンサルタントとして東京で働き始めたとき、直属の米国人マネジャーは米国シカゴ勤務でした。

某プロジェクトで3カ月を共にしましたが、そのマネジャーとのコミュニケーションは、キックオフ会議（1時間）、プロジェクト概要を1枚にまとめたチャート図でのすり合わせ（1時間）、クライアントへの報告会（1時間）の合計3時間程度でした。

そのマネジャーは定例会議を行わないばかりか厚い資料も要求せず、クライアントの課題解決の本質がわかるチャート図1枚の作成を筆者に指示し、それをもとにしたディスカッションをしただけでクライアントへの報告会に臨みました。

目的がぶれなく共有できていれば、時間も距離も全く関係ないことと生産性の高い仕事とは何かがこのときわかったのです。

　いまでこそテレワークは普通に行われていますが、マッキンゼーではその原型ともいえる働き方を既に実施していたのです。

　このマネジャーはその後、GEを経て3Mとボーイング社のCEOを務めました。

　この方は完成度の高い仕事の流儀を持っていたからこうしたやり方で成果を出すことができたのであり、誰にも使える方法ではないかもしれません。

　しかし、生産性を考えるうえでのヒントになるのではないでしょうか?

　生産性についてマッキンゼーの人材で言えば、伊賀泰代さんという方は、『生産性』(ダイヤモンド社)とそのものずばりの本を著していらっしゃいます。

　同書の副題が「マッキンゼーが組織と人材に求め続けるもの」、キャッチコピーが「いま『働き方』改革で最も重視すべきものを問う」であり、その主張は生産性向上への意識がイノベーションを生み出すというものです。

　日本企業で「生産性」というと工場でのモノづくりをイメージしがちですが、企業で働くすべての社員に求められる成果創出のキーワードなのです。

Key Point

マネジャーとしての目標の1つがチームの「生産性」をいかに上げ続けるかにある

効率と生産性へのこだわり

リーダーとして成長する人は、
自発的に考え実践する

　筆者は野村證券の営業社員としてビジネスキャリアをスタートさせました。研修を終え、自分は東京で、同期の仲間は全国の支店に配属されました。皆、最初の仕事は新規顧客の開拓でした。この同期の中に少し変わった人がいました。

　彼は他の同期と同じように、最初の1年ほどは靴の底に穴があくほど顧客訪問を行っていました。ただ、「明るさ」という点では他の面々より少し見劣りしていました。

　2年目に入った頃、彼と仕事のことで語り合う機会がありました。そのとき、こんなことを言っていました。

　「自分は話下手だし、見栄えもパッとしない。だから人の倍顧客を回らなければみんなに追いつけない」

　「でも、そうすれば、寝ずに営業をするしかない。寝ずに頑張ったとしても1日は24時間しかない」

　そう思ううちに、時間をかけるのではなく、時間を効率的に使うようにしたと言うのです。

　彼は大きな住宅地図を鉛筆でなぞりながら、どこに訪問したいお客様がいるのか、どのルートを通ると一番効率がよいのかを一心に説明してくれました。

　彼はいま、ある有名企業の社長をしています。彼と直接話をし

たのは机の上に地図を広げて説明してくれたときが最後です。

　その後おそらく彼は、新人時代の「どうすれば効率的にできるか」という視点はずっと持ち続けてきたのだと思います。

　もうひとり、仕事の効率化で記憶に残る人がいます。この人もその後、よく知られる企業の経営者になりました。

　若手時代の彼は「小さなボトルネックを探す」を口ぐせにしていました。ボトルネックとは瓶の首の部分です。瓶の首の部分が狭いほど中の液体を流し出す時間がかかります。

　ボトルネックについて、彼は次のように話してくれました。

　「誰もが成果を出し、目標を達成しようと頑張る。でも、自動車も電気製品も1つの部品が欠けただけで動かなくなることがあるように、仕事には決定的に重要な要素がある。みんながいくら努力してもボトルネックが詰まると成果は出ない」

　私は、彼がボトルネックにこだわる理由を改めて尋ねると、

　「そこをなんとかしないとそれまでのみんなの努力が無駄になる」と答えました。投入した努力に対するリターンが十分に出ない、つまり生産性が上がらないということです。

　筆者が知る、**現在経営者として活躍されている方々が若手時代に行っていた共通項が「効率」と「生産性」**でした。

　彼らは一様に、「時間や労力の無駄づかいをなくそう」という心構えを行動に移していたのです。

Key Point
「時間や労力の無駄づかいをなくそう」という心構えを行動に移す

生産性向上のための無駄取り

無駄に消費している時間を
生産性を高める作業に回す

　マネジャーの仕事は、生産性の向上だと再三述べてきました。

　しかしながら、日本企業の生産性は国際比較の中で極めて低い事実があります。公益社団法人日本生産性本部による「労働生産性の国際比較2022」によると、日本の時間当たり労働生産性は、49.9ドルで、OECD（経済協力開発機構）加盟38カ国中27位という結果です。1970年の調査開始時が18位だったのですが、年々順位を下げてきています。

　労働生産性の算出は働く時間が長いほど下がるため、日本低迷の理由は諸外国と比べて労働時間の長さが改善できていないことがその要因として挙げられます。残業過多や有給休暇の取得率の低さなども関係しているようですが、そもそも就労時間内に無駄がはびこっていることも問題だといえます。

　その際たるものが、「儀礼的な会議」ではないでしょうか。部や課のメンバーが一堂に介して報告し合うあの会議です。情報共有が名目ですが、そこからどんな生産性につながっているか、一度考えてみたらどうでしょう。

　そこで**無駄を排除するはじめの一歩として、会議時間の半減を強制的に実行します。すると、その時間内で効率的に議事を終わらせる工夫が自助努力で生まれます。**

次に、無駄な会議を廃止します。

筆者が無駄と思う会議の代表が、月曜朝などに行われる定例ミーティングです。通常は先週の振り返りや今週の予定の確認のためにマネジャーが主催するミニ会議です。

コミュニケーションの場とする場合もあるようですが、それならもっと実効性の高い方法で行ってみてはいかがでしょうか？

もう1つ無駄だと思うのが、他部門主催の会議へのオブザーバー参加です。他部門の情報を知るという目的だとしても、単なるオブザーブ（傍観）なら時間の無駄です。オブザーバーが意見を求められるのはせいぜい総評です。

この時間を生産性の高いことに使ってはいかがでしょうか？

会議というのは、放っておくと増殖していきます。

慣例として行っている会議やミーティングは、本当に必要なのかを問い直してみてください。メールなどの別の手段で代替可能なら、生産性が上がる仕事をしていることにはなりません。

これらとは違い、効率と生産性を上げるために明確な目的を持ち、意見やアイデアを交換し、問題を発見し、解決策を考えるためのワークショップのような会議はあらかじめ時間を設定し、その時間内で終わらせるルールを徹底します。

会議はなぜ必要か、必要な会議をどうしたら短い時間で目的完遂できるか、こうした思考と行動を習慣化することが仕事の効率を高める第一歩となります。

Key Point

当然だと思っている儀礼的な習慣ほど、無駄が潜んでいる

011

パーパス経営による生産性の向上

仕事の意義が意識できると組織全体の生産性が上がる

　人が仕事でやる気を出すカギは、その仕事に意義が感じられるかどうかです。チーム全体にやる気が蔓延すれば、自ずと生産性は上がります。

　メンバー1人ひとりが自分の仕事に意義を見出すことができれば、仕事への取り組み方がポジティブになり、組織全体のモチベーションが上がります。こうした状態をつくるのが、パーパス経営です。パーパスとは「目的」とか「存在意義」という意味ですが、仕事の意義をメンバーが意識できるようになると、組織全体の活力が上がります。

「**自分の会社は何のためにあるのか？**」
「**自分の仕事は世の中にどう役に立っているのか？**」

　この問いの答えがはっきりすると、人は会社や仕事に愛着が持てるようになり、自律的に活動するようになるのです。

　環境や社会に配慮して持続可能な社会を目指すSDGsやESGが経営課題の潮流になったことで、企業はパーパスを明確に打ち出すようになりました。

よく知られるパーパスの1つに、アウトドアブランド・パタゴニアの「**私たちは、故郷である地球を救うためにビジネスを営む**」があります。同社では全売上の1%を寄付する、原材料も地球にやさしいものを使うなどパーパスを具体的な経営活動に落とし込み、社会に対する自社の存在意義を示すと同時に、社員の会社への愛着心の醸成も実現しています。

　トヨタ自動車のパーパスは「**ハピネス（幸せ）の量産**」です。トヨタは「わたしたちは、幸せを量産する。」というミッションからパーパスを定義しました。自動車を中心に環境にやさしい未来を作る会社の姿勢を表現しています。

　ソニーのパーパスは「**クリエイティビティとテクノロジーの力で、世界を感動で満たす。**」です。同社のよく知られる設立趣意書の一文、「真面目ナル技術者ノ技能ヲ最高度ニ発揮セシムベキ自由闊達ニシテ愉快ナル理想工場ノ建設」は当時、エンジニア魂を鼓舞しました。その想いを現代に呼び覚まし、社会に存在感のある会社を宣言するパーパスであることが感じられます。

　会社のパーパスやビジョンが自分の仕事にどう関わるものかを自問することで、仕事の意義が深く理解できるようになります。**熱い言葉は人の心を動かします。**

Key Point

会社のパーパスやビジョンが自分の仕事にどう関わるものかを自問することで、仕事の意義が深く理解できるようになる

012

自社の経営状態の確認

経営計画書や財務諸表から経営実態を分析してみる

　チームの業績に責任を持つマネジャーにとって、「売上」「原価」「固定費」「利益」等チームの数値管理は必須です。

　これらは月ごとや四半期ごとに予算と実績の進捗を確認しながら、年度末には予算計画に沿った実績を出さなくてはなりません。それには最低限、**損益計算書（P/L）等決算書の読み方は知っておかなければなりません。そのうえで、会社全体の経営実態を読むスキルがあれば、自チームが組織内でどのように貢献できているかが理解できます。**

　ところで、上場企業の場合、投資家に向けて会社の目標と計画を示す中期経営計画が、そして1年間の成果を説明する有価証券報告書が作成されます。

　この2つは会社の経営方針を具体的にどのように果たすかを示すものであり、自社分析する際には必須の経営情報です。

　これらを読解するとき、漫然とではなく、ポジティブに批判的な問題意識を持って読むことで、経営の課題がわかるようになります。

　投資家の投資判断の材料となる中期経営計画には主に2つの計

画が示されます。

　1つは財務的な計画です。これは、売上高や利益などの損益計算書、会社の設備・資産や資金調達の状況を示す貸借対照表などの財務諸表が中心となります。

　もう1つの数値目標以外の質的な計画が、ESGやSDGs、DE&Iなど社会的責任に関わるテーマやDXへの取り組みです。今後の企業のあり方を見ていくうえで重要な施策をこれらの取り組みから把握するようにします。

　有価証券報告書は、いわば会社の通信簿です。四半期ごとに発表される企業の概況や事業の状況、財務的な数値、経営成績などから会社の経営状態を把握します。

　そして法律によって開示が義務化されていないものの、上場企業が株主に対して報告する年度末に発表される年次報告書（アニュアルレポート）には会社が取り組む重要な課題や業績目標が開示されており、ここから社長が何に取り組み、どのような成果を出そうとしているのかがわかります。マネジャーはそれに対してどんな貢献ができたかを考える材料にもなります。

　なお、非上場企業には有価証券報告書の開示義務はありませんが、株式会社であれば決算公告の義務があるので、その義務を履行している企業の決算公告は、官報決算データベースから見ることができます。

Key Point

会社全体の経営実態を読むスキルがあれば、自チームが組織内でどのように貢献できているかが理解できる

013

チームの職務の確認

チームの職務に意識を向け、メンバーの目的を定める

　会社の事業戦略に基づいて、マネジャーが自チームで担う役割とそのための仕事、つまり職務（ジョブ）をはっきりさせて、メンバーが迷わず日々の業務に取り組めるようにすることが自律的なチームの基本的なあり方です。

　そこがマネジャーのスタートラインであり、チームメンバーの成長と組織貢献のための基点です。

　このことを1枚の絵から考えてみましょう。

　44ページの幌馬車は遅滞なく前進できているでしょうか？

　この絵から、組織運営やチームマネジメントにおいて実に示唆的なことが読み取れます。

　いくつか象徴的な場面をピックアップすると、幌馬車の前側にいる集団は、きちんとリーダーがいて、いくつかのチームに分かれて馬車を引っ張っています。

　一方で中央付近を見ると、岩を引っ張っている人や違う方向に幌馬車を引っ張っている人がいたりして、前進にはあまり関係のない動きをしている人がいます。

　後方では幌の上で凧揚げをしている人や幌馬車に引っ張ってもらっている人がいて、進行に貢献していません。

全体として見ると、皆が一致団結している形とはかなり異なる状況であることがわかります。

　この絵から読み取ってほしいのが、職務と課業（タスク）のマネジメントの違いです。この絵では、チームごとの仕事の捉え方がまったく異なっています。「幌馬車を遅滞なく前進させる」という事業戦略に対し、職務を見るマネジャーは前方にいて、担当エリアで効果的な隊列を組み、幌馬車の前進を誘導しています。

　戦略を受けてチームの仕事に落とし込み、その仕事に対してメンバー個々が持てる力を結集して目的に向かって進めるよう支援している姿です。

　一方で、自分の課業だけを行っているマネジャーは旗を振るだけで傍観したり、マネジャー自身が車輪を押したりしてプレイヤーとして活動しています。そのため、メンバーに目が行き届かず、彼らは勝手し放題です。

組織が一丸となって動ける状態がつくれているかどうか？

　ここがチームとして成果を出すための成功ポイントであり、それをマネジメントする基点がマネジャーです。

「チームの職務がどの方向に向かっているか？」
「職務がチームの目的とつながり、それがメンバーに伝達されて、チームが1つになって活動できる状態になっているか？」

●立ち往生する幌馬車の絵

作者不詳

マネジャーはこのように自問しながらチーム全体を俯瞰して、目的や目標に向かって進めるようにメンバーを支援していきます。

　こう見ると、**職務（ジョブ）の定義の考え方は欧米の社会を中心に発展してきた「契約」**です。

　組織と個人といった契約であり、集団に所属するだけでなく、集団に貢献をしてほしいということです。この貢献が職務の定義となります。

　マネジャーはチーム内で職務についての共通認識をつくり、メンバー各人の「果たすべきこと」を明らかにします。

　これにより、メンバー1人ひとりの取り組みの優先順位や職務の範囲、期待役割を具体化していきます。

　職務の定義にはいろいろなやり方がありますが、その1つが「成果責任（アカンタビリティ）」です。

　大企業には通常、部署の業務を記述する業務分掌規程が存在します。組織図を補完するもので、活動の内容が具体的かつ詳細に記述されています。しかし、これだけでは職務の定義はできません。その職務が存在する目的は何か、成果責任（アカンタビリティ）は何かを定める必要があります。

Key Point
自チームで担う職務をはっきりさせて、メンバーが迷わず日々の業務に取り組めるようにすることが自律的なチームの基本

チームの職務を考える視点

「目的」「成果責任」「課業」の
3つのレイヤーから導く

　チームの職務は、「目的」「成果責任 (アカンタビリティ)」「課業 (タスク)」という3つのレイヤーで捉えると考えやすくなります。

　チームの目的に対して、メンバー1人ひとりが果たすべき成果責任を明確にし、それを実現するための課業を遂行していくことで生産性を向上させ、メンバーの成長を図り、付加価値を生み出していく、というレイヤーです。

　目的とは、「その職務は何のために存在するのか？」ということです。営業マネジャーなら例えば、「(当社における営業は) 真に優れた製品を広く普及させることで、より良い社会・環境の実現に貢献する」などです。

　会社の存在意義を表すパーパスに近いですが、先にも述べたとおり「目的」が明確だと仕事に意義を見出して自律的に取り組むことができるようになります。

　成果責任 (アカンタビリティ) とは、「その職務が果たすべき責任は何か？」です。営業マネジャーなら、「(当社における営業は) 顧客の課題を的確に把握し、その課題解決になる製品・サービス・ソリューションを提案し、受注する」などです。

課業（タスク）とは、「その職務で日常的に行う業務は何か？」
です。営業マネジャーなら、「営業部員の業務支援を行う」「日・
週・月などの業績管理を行う」「同業者から情報収集を行う」「顧
客訪問を行う」「同行営業を行う」「上長への報告書や提案書を作
成する」などです。

　課業は成果責任を達成するために組み立てますが、例えば感染
症の流行により対面営業が中止となれば、オンライン営業に手法
を変えるなど、状況が変われば適宜修正します。

　大事なことは、どんな状況であれ、「結果として成果責任を達
成するために今必要な業務は何か？」に基づいて業務内容を精査
して組み立てることです。

　この3つのレイヤーの中でも、メンバーが意義を感じながらそ
れぞれの業務を遂行するために、成果責任の設定が特に重要で
す。その設定に使えるフレームワークが、**バランスト・スコアカー
ド（BSC）** です。

　BSCは1990年代前半に米国でロバート・S・キャプラン（ハー
バード大学教授）とデビッド・ノートン（コンサルタント会社社長）が開発
した、戦略をロジカルに組織へ落とし込む業績管理のツールで
す。
　**「財務」「顧客」「業務プロセス」「学習と成長」という4つの視
点が戦略を立案するための枠組み**となります。

●職務の捉え方のレイヤー

	内容	営業マネジャーの例
目的	・その職務は何のために存在するか？	・真に優れた製品を広く普及させることで、より良い社会・環境の実現に貢献する
成果責任	・その職務が逃れられない責任は何か？	・顧客の課題を的確に把握し、課題解決につながる製品・サービス・ソリューションを提案し、受注する
課業	・その職務で日常的に行う業務は何か？	・顧客・業界についての情報収集を行う ・顧客訪問を行う ・顧客訪問情報をシステムに入力する ・関連部門を巻き込み、提案書をつくる 等

出所：コーン・フェリー・ジャパン

成果責任を明文化する場合、「ビジョンと戦略」の実現のために下図にあるようにBSCの各項目を「経営数値」「内部プロセス」「外部プロセス」「組織力向上」に置き換えて、この4つをバランスよく設定していきます。

　BSCの活用はチーム全体を俯瞰し、目的を果たすためにやるべき課業を4つの視点から抽出できるので実務的です。

●成果責任の領域

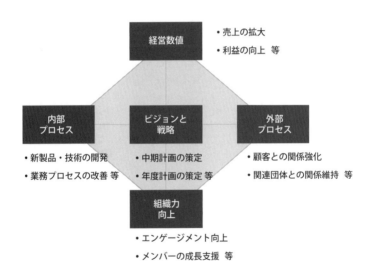

経営数値
・売上の拡大
・利益の向上　等

内部
プロセス
・新製品・技術の開発
・業務プロセスの改善　等

ビジョンと
戦略
・中期計画の策定
・年度計画の策定　等

外部
プロセス
・顧客との関係強化
・関連団体との関係維持　等

組織力
向上
・エンゲージメント向上
・メンバーの成長支援　等

出所：コーン・フェリー・ジャパン

●成果責任の設定例

営業マネジャー

経営数値	・営業部の売上目標を達成する ・営業部の利益目標を達成する
ビジョンと戦略	・中期計画に基づき、営業部の年度計画を策定し、実行する
内部プロセス	・営業部の受注状況を把握し、営業促進やフォロー施策を立案し、遂行する ・顧客動向をまとめ、新たな製品開発に向けて開発部への提案・フィードバックを行う ・営業部全体の営業効率を高めるための施策を講じる
組織力向上	・営業部メンバーの成長を支援し、組織全体の人材レベルを引き上げる ・営業マネジャーの後継者候補を育成する
外部プロセス	・重点顧客と長期的に良好な関係を構築・維持する ・業界団体と適切な関係を維持する

総務マネジャー

経営数値	・会社全体の総合的なパフォーマンス
ビジョンと戦略	・中期計画に基づき、総務部の年度計画を策定し、実行する
内部プロセス	・各部門の業務活動を支援するための、総務業務を確実に実行する ・安全かつ働きやすいオフィス環境、オフィス備品を確保する ・危機管理への対策を講じ、全社の財産と社員の安全を確保する ・コンプライアンス基準を作成し、全社に徹底するための啓蒙活動を行う ・総務業務のプロセスを効率化させる
組織力向上	・総務部メンバーの成長を支援し、組織全体の人材レベルを引き上げる ・総務マネジャーの後継者候補を育成する
外部プロセス	・地域の役所・関係団体等の関係を維持・構築する

Key Point

メンバーが意義を感じながらそれぞれの業務を遂行するために、成果責任の設定が特に重要になる

015

チームの職務遂行の最適化

顧客と会社の期待を考えれば、チームの職務は自ずと見える

職務の最適化には、次の3つのポイントを押さえます。

1．顧客・会社の期待と競合の状況の理解

ハイブリッドワークなど働き方の変化や残業の規制強化などビジネス環境の変化が職務に影響することがあります。

また、自社のドメイン事業がBtoBからBtoCに変わるなどの劇的な変化がいつ起きてもおかしくない世の中です。

マネジャーはそうした変化に合わせて、臨機応変に職務を遂行するための課業を見直します。その際、次の視点で職務遂行の最適化を行います。

- 顧客からの要請・要望
- 会社からの期待
- 人材やスキルなどチームリソースの活用範囲

現場でチームの中心軸になるマネジャーは、上長やメンバー、顧客からの情報を小さなことも聞き流さずにつかみ、それらが自チームの職務に影響しないかと考えることが大事です。

マネジャーは会社内部や顧客、同業他社などからの情報を集

め、メンバーに必要な情報はすべてシェアする"情報活動"も大事な仕事の1つです。

2．価値創造になる取り組み

　成果責任をもとに、新たな価値創造につながる職務を見出すために、次のことに取り組みます。

- **成果責任の向上につながる職務**
- **挑戦意欲が刺激される職務**
- **挑戦を続けることで仕事レベルが高まる職務**

　これには課業を処理するような姿勢ではなく、メンバーが自律的に職務を捉え、仕事レベルを向上させていこうという思いを強くすることがうまくいくカギです。

3．上長や経営陣との交渉による支援の取り付け

　職務を滞りなく進められるように、上長や経営陣と交渉し、必要な支援を取り付けることもマネジャーの仕事です。

　マネジャーの仕事とは突き詰めていえば、メンバーのために働きやすい職場をつくることです。

　そこで、問題なく職務が進捗できる職場の働きやすさという観点から何か問題があれば社内の関係者にその問題を解決するための支援の取り付けにすぐに動かなければなりません。

Key Point

①顧客・会社の期待と競合の状況の理解、②価値創造になる取り組み、③上長や経営陣との交渉による支援の取り付け

016

チームの課業の確認

課業を箇条書きすると
無駄・漏れ・重複が発見できる

　リソースの活用が効率的かを判断するために、毎日の課業を箇条書きにして仕事の棚卸しをします。マネジャーとメンバーそれぞれの課業を1つ1つ確認してみると、意外にその職務に必要がないものを慣例的に行っていたりします。

　課業を箇条書きにすることは無駄・漏れ・重複の発見にもなりますし、逆に自分の職務に必要な課業を他の人が代わりにやっていたということもあったりするので、**課業を一覧にして整理することは業務効率化には必須の作業**です。

　そして**課業は職種ごとに違いがあるので、職務記述書に紐づけて確認すると、やるべき課業が具体化**します。

　また、**課業ごとにどれだけ時間を要しているかを知ることで業務効率化の道筋が見えてきます。**

　チーム全員が毎日の業務を1週間程度記録し続け、課業ごとに要した時間を確認しながら、振り返りを行います。

　ワークショップ形式でお互いの課業の実情を確認し合い、効率化と生産性という観点からディスカッションすることで、チームの生産性向上を推進するきっかけにもなります。

　もちろん、マネジャーもその一員として参加します。

●職種別職務記述書の一例

営業職

■計画と準備
- 顧客の事業内容を理解する（戦略、競争関係、事業成果、等）
- 顧客とのコミュニケーションを通じて信頼関係を構築する
- 顧客が抱える課題、問題を探求し、理解する
- 顧客組織における意思決定のプロセスや基準を理解する
- 重要な意思決定者とインフルエンサーを認識する
- 顧客の状況を社内の関係者にタイムリーに共有する
- 顧客が解決するべき真の問題を定義する
- 社内関係者と協力してソリューションを開発する
- そのために社内関係者をモチベートする

■実行
- 顧客に提案し、顧客の理解と賛同を得る
- 具体的な商品・サービスを受注するための交渉を主導する
- 契約を適切に受注する
- 受注後のフォローアップを適切に行い、約束どおりに納品する
- 納品後の商品・サービスの一層の改善・改良を社内に働きかける
- すべての活動を通じて QCD を高いレベルで実践する
- 自身の目標を設定し、上長の承認を得て、実行する
- 指示された目標だけでなく、自身の思いをベースに味つけをする
- 良い成功事例を同僚に伝え、同時に同僚から学ぶ
- 上長への報告・連絡・相談（ホウレンソウ）

■目標管理
- 課の目標を設定し、上長の承認を得て、実行する
- メンバーの目標を設定し、合意を形成する
- 目標の達成状況をモニターし、ギャップを明らかにする
- ギャップを埋める方法を考え、（他部署とも協力して）対策を実行する

■部下の育成
- 部下の業績の評価
- コーチングの実施

Key Point

課業は職務記述書に紐づけて確認するとやるべき課業が具体化する

017

チームの課業の評価

仕事の量は与えられた時間を
すべて満たすまで膨張する

　会社で行う課業には必ず受益者が存在します。**受益者が存在しない課業はそもそも不要な業務**です。

　例えば、慣例的に行ってきた資料整理があったとして、その資料が使われずにいれば、それは誰のためにもならない作業であり、生産性への貢献はゼロどころか、それまでの労力を考えるとマイナスです。

　こうしたおかしなルーティンを続けないために、「**その課業は○○さんのためになる**」と対象を具体化し、○○さんに該当する受益者の利益になっているかを判断基準にします。

　受益者とは顧客や協力会社のほか、業務に関係する社内の人たち（＝社内顧客）です。

　社内顧客は、研究開発業務であれば後工程の生産・マーケティング・販売など一連の関係者、業績管理であれば経営者や上司、総務・経理・人事・情報システムなどのバックオフィス業務であればすべての社員（契約社員やアルバイト社員を含む）です。

　課業の受益者がある程度特定できると、意識をそこに集中できるので業務の効率化につながります。この意識が弱いと課業処理が散漫になりがちです。

　これは生産性に関する人間の習性を看破した「**パーキンソンの**

法則」から説明できます。

　パーキンソンの法則とは、英国の歴史学者・政治学者のシリル・ノースコート・パーキンソンが1958年に提唱した普遍的な法則です。そもそもは英国の行政組織の研究から導き出されたもので第1の法則と第2の法則があります。

　第1の法則とは仕事の量と時間の関係を表し、「仕事の量は与えられた時間をすべて満たすまで膨張する」というものです。

　端的な例では、業務量の負荷の低減のためにメンバーを増やしたところ、新任者に分配した業務に加えて新たな業務が課されることで結局、業務量は拡大していくようなことです。

　第2の法則とは収入と支出の関係を表し、「支出の額は収入の額に達するまで膨張する」というものです。

　つまり、会社や役所などの組織では、お金や時間といったリソースはあればあるだけ使い切るということです。

　漫然と仕事をしているうちに自然と無駄なことをやってしまうのが人間の習性だということを示す法則ともいえます。

　この愚に陥らないためには、**課業を「重要性」と「コスト」で評価する**ようにします。

　重要性は感覚的にABC評価（A：非常に重要、B：重要、C：あまり重要でない）を行います。

　コストはその課業にかける時間×賃金で算出します。これもABC評価（A:コスト大、B：コスト中、C:コスト小）を行います。

Key Point

「パーキンソンの法則」に陥らないよう、課業を「重要性」と「コスト」で評価する

マネジメント 基本と原則

P.F.ドラッカー著　上田惇生編訳　ダイヤモンド社

　組織マネジメントの要諦を学ぶうえで絶好の書といえるでしょう。冒頭でまず、企業の目的は顧客を創造することにあると説き、マネジメントとは何か、マネジャーは何をすべきかをやさしく紐解くと同時に、実践の場で使えるテクニックも紹介していきます。

　その根底にあるのは、「いかにして人間はいきいきと働くことができるか」です。

　ここを起点としながら、マネジメントの使命は「ミッションの達成」「人の活用」そして「社会への貢献」であると説きます。

　それらの使命を果たす役割を担うマネジャーに求められるスキルとして、目標設定力、コミュニケーション力、組織構築力、評価力、人材開発力を挙げます。

企業参謀

大前研一著　プレジデント社

　事業戦略を策定するための考え方とそのアプローチ法を紹介するロングセラーです。ものごとを深く分析し、目的を明確に確立することで何をすべきかを洞察する思考の技術が事例でわかります。

　書名に「参謀」とあるように、経営を支える管理者に求められる役割や能力を述べながら、「参謀五戒」として、①「What if」を常に考えておく、②戦略への完璧主義を捨てる、③KFS（成功のカギ）を徹底的に追求する、④制約条件に制約されない、⑤分析を怠らない、など留意すべきことを理路整然と解説していきます。

第 2 章

マネジメントスキルの開発

この人にはこれだけしか能力がないなどと

決めつけては、

能力は引き出せません。

井深 大

ここで紹介するスキルは、チームを運営していくための考え方やマネジメントの視座を高めるための思考法を中心に解説します。

　これまで国内外の多くの経営者やリーダーたちに会い、実際の体験、成功の記憶、失敗の反省を聞き、その人たちの考え方や行動の特徴から得た筆者の経験もここでは参考にしています。

　また、マネジメント上必要でありながらも本書では触れないものがあります。

　それは、体力、気力、精神力、あるいは良い意味での野心といったことです。

　働くうえで野心はとても大切です。

　しかし、マネジャーに求められるスキルとしては敢えて触れませんでした。

　その理由は、これらの精神的な要件、ビジネスでの成功に関わる要件は鍛錬するというよりも、日常の生活態度や心がけから育まれると思うからです。

　こうした要件は周囲から共感や信頼を得るうえで実務スキルと同等に重要です。

　しかしながら、一朝一夕に身につくものではありません。

　日々、「正しいことを正しく行う」ことで積み重なっていくような息の長い取り組みです。

　よって本章では、意識と行動によって開発可能なスキルについて紹介していきます。

018

内省からのスキル開発

リーダーになる人の多くに、内省する習慣がある

　ビジネスパーソンとしての成長を考える視点として、米国の人事コンサルタント会社ロミンガーがリーダーシップの発揮に効果があった要素の調査結果から提唱した「**70：20：10の法則**」、別名「**ロミンガーの法則**」があります。

　様々なタイプの経営者を調査対象としたこの調査では、**リーダーとしての成長に有効だったのは業務経験が70%、次いで良い上司や先輩など周囲からの薫陶が20%、そして残りの10%が研修**だったということです。

　これは成長には業務経験、つまり実務が最も有効だとするものですが、この背景を深掘りすれば、「薫陶」や「研修」もとても重要な「経験」であることがわかります。

　実務は上司や先輩からのアドバイスや研修よりも多くの時間を費やします。必然的に経験量が多いわけですからスキル開発への影響は多大です。一方の周囲からのアドバイスや研修は時間量としてはそれよりも少ないといえます。

　しかしながら、「薫陶」や「研修」も成長に役立ったとする回答があるのは、経営者になるようなリーダーたちは少ないチャンスをしっかりと成長の糧にしているということです。

つまり、「薫陶」や「研修」を仕事に必要なスキルを身につける手段として自己開発に役立たせる意識が強いということです。そして、自己開発に大事になるのが「内省」です。

　組織のリーダーに選抜されるような人の多くが「内省」の習慣を持っていることにもその特性が見られます。

　内省は、自分がどんな性格か、自分は何に興味・関心があり、何ができて、何ができないのかを知ることです。

　自分という個性を整理することで、モチベーションの上げ方と自律的な働き方を見出していきます。

　自分の個性を知るには、次の3つの視点から仕事への取り組みについて考えると整理しやすいです。

　①どのような動機で仕事に取り組んでいるか？

　②どのような思考のクセがあるのか？

　③どのようなことや時に楽しく感じ、どのようなことや時にイヤだと思うか？

　内省し自分自身を知ることは、これからの多様化社会では自分という個性を組織の中でアピールするためにとても重要です。

　特に、AIが職場に入り込んでくると、これまで人が行っていた業務がたちまちコンピューターに代替されていきます。

　AIが普及していく世の中でも**「自分にはこれがある！」と言える特性があれば、周囲から存在意義が認められて仕事に自信が持て、モチベーションを上げ続けることができます。**

Key Point
「自分にはこれがある！」とアピールできる特性をさらに磨く

019

リスキリングへの向き合い方

新たなスキルの修得は
組織と人の成長に不可欠

　日本企業の生産性が1990年代初頭を頂点に下降し続けている要因の1つに、長い時間働く反面、勉強する時間を取らなかったことにあると筆者は考えています。

　残業に明け暮れ、仲間との飲み会に時間を費やし、勉強するといっても会社から昇進条件にされた資格取得を隙間時間にこなすといった感じで、自分の成長のための勉強時間が取れるような状況ではなかったのではないでしょうか？

　その結果、デジタル化の波に乗り遅れた日本は、イノベーションを起こすことなく欧米や中国の後塵を排し、「失われた30年」を経験することになりました。

　しかし、世界的なDXの波のなか、日本も国をあげてリスキリングが推奨され、これからはいかに新しいスキルを身につけるかがビジネスでの生死を分かつカギになってきています。

　リスキリングとは単なる学び直しとは違います。

　経済産業省が「**新しい職業に就くために、あるいは、今の職業で必要とされるスキルの大幅な変化に適応するために、必要なスキルを獲得する／させること**」と定義しているように、これまでとは異なった職務や業務への挑戦に資する知識やスキルを身につ

け、実践で活用してもらうための学びということです。

　現在、情報処理技術などDXに関連するスキル修得が中心になっていますが、企業が成長していくためのイノベーションに必要な人材育成の一環であるため、企業の成長戦略を実現するためのスキル全般の学習を対象にするのがリスキリングの本義です。

　また、リスキリングは企業寄りの考え方というわけではなく、個人の成長にとって有効な取り組みです。

　「人生100年時代」と言われるように、働き手の現役時代がさらなる延長化にあるなか、これからのキャリアビジョンは中長期的視野で捉えることが必然になってきました。

　DXによりビジネスの環境変化が急速化していくなかでは、新しいスキルを適宜修得していくことが余儀なくされます。その環境変化に柔軟に適応していくためにも、リスキリングはとても大事になっていきます。もちろん、その変化の中にはマネジメントスキルのリスキリングも含まれます。

　いみじくも、ハイブリッドワークの到来でビジネスコミュニケーションが大きく変わり、リモートでの業務支援をはじめ、マネジメントにもこれまでとは違った課題が急増しました。

　この流れはもはや止めることはできません。

　それだからこそ、新たな学びを前向きに捉える姿勢がチームと個人の成長にはとても重要になっていきます。

Key Point
これまでとは異なった職務や業務に必要な知識やスキルを身につけ、実践で活用するための学びがリスキリングの意義

020

チームビルディングの視点

1人のハイパフォーマーに依存せず チームの総合力を発揮する

　日本企業では組織力を開発することの優先順位が低いのではないかと思うことがあります。皆さん自身、

　「組織力を開発していますか？」

　「組織力の開発にどんなことをふだん心がけていますか？」

　と問われたときに答えが返せるでしょうか？

　部や課の目標が決まったら、その目標を確実に達成するための実行計画をつくり、目標達成のための「組織マネジメント」「業務プロセス」「人材マネジメント」を一気通貫に考えて実行していきます。これらはマネジャーの目標管理には必須です。

　ただ、マネジメント業務の種類や範囲が拡大していくなかでは、単に目標達成という発想では成長が頭打ちになります。

　持続的な成長の実現者になることが期待されるこれからのマネジャーは、**チームの共有目的を達成し続けるためにメンバーの個性を活かしてチーム力が発揮できる組織をいかに構築するかという「チームビルディング」の視点**が重要です。

　チームとは本来、明確な目的を達成するために個性の異なる人材を集め、1人では達成できない目的を果たすために存在します。

しかし、人は易きに流れるものです。目的を忘れ、目の前の作業をこなす楽な道を選択しがちです。この状態を放っておけばチームの成長性は停滞し、作業をこなすだけの集団になります。

チームビルディングとは、ハイパフォーマーに依存するのではなく、チーム力で安定的に成果を出す継続的な取り組みです。

マネジャーは半年に一度はメンバー全員が参加するワークショップを実施し、以下のような設問を使って、メンバーに対しチームと個人の成長にコミットするよう、動機づけします。

- **チームの目標はしっかりと共有されているか？**
- **メンバーは個性と実力を発揮できているか？**
- **メンバーはお互いに協力し合っているか？**
- **メンバーは遠慮なく自由闊達に意見を交換しているか？**
- **1人では思いつかないアイデアが生まれているか？**
- **1人ではできない成果が生まれているか？**

これまで多くの日本企業では組織内の人員計画と採用は人事部門が主導して行ってきました。

現場を預かるマネジャーは要望を伝えても要員計画から採用まで行うことはそれほど多くはありませんでした。

しかし、チームビルディングの観点ではマネジャーがチームの人員計画に主体的に取り組むことが望まれます。

Key Point
チームビルディングでは、ハイパフォーマーに依存するのではなく、チーム力で安定的に成果を出す継続的な取り組みが重要になる

021

自律的行動を促すコミュニケーションの基本

対話の積み重ねが
共感や共鳴を生む

　メンバーがチームのために自律的に行動する職場にするには、**マネジャーはメンバーから共鳴される存在でなければなりません。**

　このとき最も大事なスキルが、コミュニケーション力です。

　ビジネスでは、議論や説明のスキル、対話のスキルが重視されます。職場の多様性が進めば、いま以上に共感や共鳴が重視されることになるでしょう。

　しかし、心配することはありません。**気軽に話しかけたり相談したりを重ねていけば、自然と共感や共鳴が生まれます。**

　また、これからは会社の枠を越えた協業が重視されますが、それには社外人脈を日頃から広げる活動が問われます。

　ここでは、コミュニケーション力を高めるには何をどうすればよいかについて、そのポイントを紹介します。

1．人に関心を抱く

　マネジャーはチームの目標達成のためにメンバーの活動と成長をサポートします。

　その出発点はメンバーをよく知ることです。

　メンバーの趣味や特性、個人情報の問題にならない範囲での私

的なことなど、仲間として関心があるから知りたいという気持ち
で話を聞きます。人への関心が弱いと対話は成立しません。

対話の基本は相手に関心を抱くことです。

「この人はどんなモチベーションで仕事をしているのか？」

「この人は何に興味・関心を寄せているのか？」

「この人は何に対してネガティブになるのか？」

このように、相手を知るために必要なことを考えます。

2．メンバーの働く動機を知る

メンバーの成長支援をどう行うかを考えるうえで、ビジネス心
理学の**「マクレランドの欲求理論」**を参考にしてみましょう。人
の働く動機についてハーバード大学のビジネス心理学者デイビッ
ド・マクレランド教授が1970年代に行った研究から導き出した
理論ですが、職場のメンバーの行動特性を知るには有益です。

この理論では人間には４つの動機があるとしており、誰もがそ
のいずれかに分類できるとしています。

この４つの動機からメンバーの行動特性を知ることで、その人
と適度な距離感がつかめるようになります。

■マクレランドの欲求理論

1）達成動機

ものごとに真剣に取り組み、課題をきちんと達成しようとする

［達成動機が強い人の特徴］

• 個人的な進歩に最大の関心があり、何事も自分でやる

• 中程度のリスクを好む

• 自分の行動結果について迅速なフィードバックを求める

2）パワー（権力）動機

他の人たちに影響を及ぼすことを目指す

［パワー動機が強い人の特徴］

- 責任を与えられることを楽しむ
- 他者をコントロール下に置き、影響力を行使したがる
- 競争心が強く、地位や身分を重視する状況を好む
- 信望を得たり他者に影響力を行使することにこだわる

3）親和動機

他の人たちとの肯定的で影響力を伴う相互関係の構築・維持・修復への意欲を持つ

［親和動機が強い人の特徴］

- 人の役に立とうと努力する
- 他者からよく見てほしい、好かれたいという願望が強い
- 心理的な緊張状況には1人では耐えられなくなる

4）回避動機

物事を何らかの理由で回避しようとする

［回避動機が強い人の特徴］

- 難しい目標を敢えて避ける
- 周りに合わせようとする

.

3．コミュニケーションに関する心理学を知る

　人の心理のメカニズムを知ることは、対人関係をうまくコントロールするうえで有効です。マネジメントの要諦とはメンバーをいかに動機づけるかにあるわけですから、人の成長に責任を持つマネジャーは初歩的な心理学はまずは知っておくべきでしょう。

- **単純接触効果**

　ハイブリッドワークが導入されて、メンバーとの日常的な接触が減ったというマネジャーの中には、思うように対話ができないことに不安感を抱く人がいます。

　人は相手に頻繁に接触することで好意や信頼性が生まれるとする「単純接触効果」から考えると、ハイブリッドワークの中でいかにメンバーたちと違和感のないコミュニケーションをとるかがとても重要になります。

- **ラポール現象**

　人は相手と波長があったり、話のペースが同じだったりするとその人に好感を持つことがあります。これは心理学用語でいう「ラポール現象」です。ラポールとはフランス語で「橋を架ける」という意味ですが、まさに相手と自分に橋がかかったように双方向のやりとりがスムーズになる現象です。

　メンバーとの対話で相手の話すことに頷いて同調しながら聴く姿勢を保つことで相手の本音を引き出すこともできます。

- **類似性の法則**

　人は知らない人には冷淡になりがちですが、**自分と似ていたり、似た経験をした人には好感を持つ心理用語を「類似性の法則」**といいます。この法則の効果を享受するために、メンバーとの共通の出身地や趣味があれば、それを話題にするとよいでしょう。

Key Point
気軽に話しかけたり相談したりすることを重ねていけば、自然と共感や共鳴が生まれる

022

コミュニケーションに必要なスキル

対話による共感や共鳴が
一緒に働く人の士気を上げる

■対話力

　テレワークが進んで対面での会話や雑談が減ることで、セレンディピティ（偶然からの発見、思わぬ気づき）の機会が失われることを心配するマネジャーがいます。雑談では明確な目的やテーマがあるわけでもなく、よもやま話で終わることもあります。

　しかし、その話の中から気づかなかったことが発見できたり、話をしているうちにイマジネーションが広がり、思わぬことが突然ひらめいたりします。雑談からのセレンディピティです。

　飲み会などで面白い発想が飛び出したり、気軽な感じのブレストから突飛なアイデアが出てくるのも、気兼ねのない雰囲気の効果です。

　対話力は、上司と部下の意思疎通を図る1on1ミーティングが増えるに従い、管理者にとって重要さが増してきています。

　いかに部下に寄り添って問いかけるか、そしていかに上手な聴き役に徹するかが1on1のポイントです。これがうまく機能し出すと、次のような効果が現れます。

- **プライベートな相互理解**
- **心身の健康のチェック**

- モチベーションの刺激
- 上司や同僚への不満の解消
- ハラスメントの回避
- 業務や組織の問題解決
- 目標の設定や評価
- 能力の開発やキャリアの開発
- 会社の方針の伝達

　ただし1on1は上司と部下の公式な対話の場として見られがちですので、運用の仕方を誤れば、ただの面談になりかねないことも多く、セレンディピティの発見という点では雑談には及ばないかもしれません。

■聴く力

　コミュニケーションで大事なことは、相手が受け止め、理解し、納得することです。成功哲学の世界的ロングセラー『7つの習慣』（ジェームス・スキナー／川西茂訳、キングベアー出版）の著者スティーブン・コヴィー博士は公的成功を収めるには「まず理解に徹し、そして理解される」ことを第5の習慣に挙げています。

　同書は、世界の偉人から市井の人まで幅広くそして深く人間研究し、膨大なデータから得られた教訓をもとに個人・家庭・会社・人生のすべてにおける成功の原則を説いた自己啓発書です。

　対人理解力を磨くには相手をよく知ることですが、それには相手の話をよく聴くことを強く意識します。『7つの習慣』でも対人理解では話すより聴くことから始めることを推奨しています。

　コヴィー博士は、言葉以上に相手の仕草や声を感じ取ることが

相手を理解することの90%以上を占めるとしています。

　こうした習慣を身につけるには、誰に対しても謙虚でいることです。リーダーシップ研究の世界的権威でマサチューセッツ工科大学のエドガー・シャイン名誉教授が著書『謙虚なリーダーシップ』（野津智子訳、英治出版）で述べているとおり、「個人としての全人格を認め合う関係」や「親密さと愛着、友情、愛情を抱く人間関係」の構築にはリーダーの謙虚な姿勢が大事です。

■説明力

　説明力が問われる場と言えば、まずは会議でしょう。提案や状況説明などをスマートに行えれば、「できる人」として周囲からの評価も高まります。

　今後、リモート会議が定着していくなかで、シンプルで効率的な説明のスキルが必須になります。

　あうんの呼吸やその場の空気を読みながら発言することは時間の制約などから少なくなり、伝えたいことを簡潔に述べる技術が重視されます。

　それに使えるテクニックが「**ピラミッドストラクチャー**」です。これはマッキンゼーのバーバラ・ミント氏が新人コンサルタントの報告書作成の技術を強化するために開発した論理的な説明手法です。筆者もミント氏から直接薫陶を受けましたが、そのときの要点を以下に示します。

- 報告書は「結論」から書き始める
- その次に結論に至った理由を述べる
- 理由は3つに絞る

- さらに詳細な説明をする場合は、3つの理由をさらに3つに分解する

■コーチング

コーチングのコーチ（coach）は馬車という意味ですので、コーチングには課題解決や目標達成にいざなうというニュアンスが含まれています。

筆者自身もコーチングを受けた経験がありますが、対話の力と聴く力はコーチングのエッセンスだと実感しました。

コーチングを受けた当初、筆者にとってどう役立つのかがわからないのでコーチ役の人に訊いたところ、「人は自分のことがわかっていない。わかっていれば、この弱みを克服したい、と伝えられるが、それがわからないからコーチと対話する」という主旨の答えでした。

つまり、**コーチングとは対話を通じて自分を知り、自分のことを相手に伝える**ということであり、コーチとの対話により一緒に問題を探り、その問題に対して何をするかに気づく手段です。

相手の心の声を引き出すには聴く力、質問する力が第一に重要です。そして、自分のことを深く知ることで、自律的な行動が促されるのです。

自分でも気づかない隠れた力の発見の支援になるコーチングの実践は、メンバーの成長支援に有益な手法といえます。

Key Point
コミュニケーションで大事なことは、相手が受け止め、理解し、納得すること

023

戦略思考のトレーニング

組織図と業務分掌規程の分析で自社の戦略がわかる

■組織図の分析

　組織図と業務分掌規程を見れば、所属する組織がビジョンや戦略、計画をどのような体制や方法で達成しようとしているのかがわかります。

　マネジャーが自社の戦略を知る意味は、会社が目指す方向を知ることで自分の仕事の意味を腹落ちさせることにあります。

　会社の目指す方向がチームとメンバーの成長にうまくつながれば、仕事にも組織にも仲間たちにもポジティブな感情が湧いてきます。これが仕事への動機づけになります。だから、まずは自社をよく知るのです。

　筆者は、クライアント企業の課題を把握するために組織図からその企業の戦略を概観します。

　具体的には、次の2つの見方です。

- 「機能別組織」or「事業部制組織」
- 「ピラミッド型組織」or「フラット型組織」

　例えば、機能別組織の場合、QCD（品質・コスト・納期）がうまく配分されているかどうか（どこかの機能に偏重してないか）を見ることで、会社が健全な経営状態かどうかを判断します。

事業部制もQCDの状態を見るほか、事業ポートフォリオのバランスがどうなっているかなども経営状態を判断する際の視点にしています。

　このように、**組織の形態とその意味を理解し、会社が組織を通じてどのような成果をあげようとしているのか、そして、会社のビジョンや戦略、計画の推進に組織体制がマッチしているかなどをクリティカル**（批判的）**に見る**ようにします。

　クリティカルに見ることで常識的な見方とは違った気づきがあり、組織の課題が発見できます。

● 「機能別組織」と「事業部制組織」

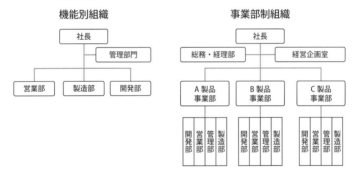

● 「ピラミッド型組織」と「フラット型組織」

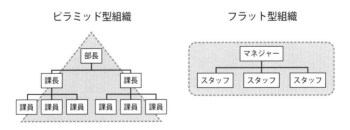

●代表的な組織形態の分類

	特徴	メリットとデメリット
機能別組織	開発・生産・販売・管理など機能単位で組織され、それぞれの責任者がトップにつながる。	メリットは、機能の分業による業務の効率化と知識やノウハウが部署内に蓄積されること。これにより、安価で高品質の製品を供給することを可能にする。デメリットは、機能の連携がうまくいかないとスピードやニーズへの訴求など顧客対応力が発揮できないこと。
事業部制組織	事業が多角化した会社で見られる。	メリット、デメリットは機能別組織の反対。
ピラミッド型組織	社長の下に3人の本部長、その下に3人の部長、その下に3人の課長というように組織形態がピラミッド型になる。トップダウンによる指示・命令が中心になる。	メリットは指示の流れが明確で管理が行き届き、安定した業務運営ができる。デメリットは伝達スピードが遅くなり、指示待ちになりがち。
フラット型組織	社長の下に9人の部長が並ぶような形態。現場に業務執行権限を委任。	メリットは経営と現場がつながりやすいため、情報伝達や意思決定のスピードの向上。デメリットは現場社員のスキルが一定レベルに満たされていないと機能しにくいこと。

■業務分掌規程の分析

　業務分掌規程とは、部門やその役職ごとの仕事内容および責任と権限が記された文書のことです。ここには業務を執行するための基本業務が記載されていますが、それが現時点のビジネス環境にどう適合させるのか、もしくは改善すべきことはないかという現場視点でクリティカルに分析します。

　仮に、業務分掌規程に不適合が生じたら勝手に書き換えず、上長等関係者と協議してから改善するようにします。

●業務分掌規定の例

```
                    ［経営企画室　企画課］

◎中期経営計画に関する業務
    ─ 中期経営計画の立案に関する事項
    ─ 中期経営計画方針の示達に関する事項
    ─ 中期経営計画方針の編成に関する事項
    ─ 中期経営計画の示達に関する事項
    ─ 中期経営計画の統制・管理に関する事項
◎年度事業予算に関する業務
    ─ 年度事業予算編成方針の立案に関する事項
    ─ 年度事業予算編成方針の示達に関する事項
    ─ 年度事業予算編成方針の編成に関する事項
    ─ 年度事業予算の示達に関する事項
    ─ 年度事業予算の統制・管理に関する事項
◎組織・制度・業務の改善等に関する業務
    ─ 組織・制度・業務に関する調査・研究及び報告に関する事項
    ─ 組織・制度・業務に関する改善・合理化等の企画・推進及び
      調整に関する事項
    ─ 組織・制度・業務の改善に関する部門間の調整に関する業務
◎新規事業の企画調整ならびに各種経営情報の収集・整理・分析に関する業務
◎経営会議の運営に関する業務
```

Key Point

組織図と業務分掌規程から、所属する組織のビジョンや戦略、計画をどのような体制や方法で達成しようとしているかがわかる

024

戦略思考のフレームワーク①　7S

現状と目標のギャップを知ることで、やるべきことが具体化する

　ビジネス戦略で用いられる孫子の「敵を知り己を知れば百戦してあやうからず」は、敵（競合）も自分（自社、自チーム）もよく知ればリスクは避けられることを説く兵法です。

　マネジャーにとって「自分を知る」こととは、「自チームの特徴（強み、課題）」を知ることです。その際に使えるフレームワークがマッキンゼーのコンサルタントが開発した、**組織の課題発見とその改善に使える経営分析手法**の「**7S**」です。

　以下に示す7つの要素について現状を整理し、要素ごとに組織が目指す姿とどれほどギャップがあるかを分析します。これにより、その差異を埋めるには何をすればよいかがわかります。

　①**組織構造**（Structure）

　組織図と業務分掌の分析：組織目標を達成するための仕組み・構造と各組織が果たすべき役割。

　②**戦略**（Strategy）

　経営理念に基づく自社の戦略の分析：会社のビジョンや目標を実現するための計画。

　③**システム**（System）

　業務プロセスの分析：日々のタスク（業務）の内容や手順など

のこと。例えば、管理部門なら出張申請や経費承認・精算のプロセス、予算申請・承認のプロセスなど経理・財務的な内部管理のプロセス、人事評価・業績評価などの人材マネジメントのプロセスなど。業務プロセスは自部署での作業のオペレーションをチャート図などに描写し、無駄や課題を発見する。

④スキル（Skill）

会社が持つ知識・スキル・ノウハウの分析：例えば開発部門では知的財産、生産部門なら生産技術や生産プロセスなどが該当。

⑤スタッフ（Staff）

社員の質と数の分析：会社独特の社員（契約社員やアルバイト社員も含む）の特徴。社員がどんな意識、どんなモチベーションを持ってどんな活動をしているかに特徴が表れる。

⑥経営スタイル（Style）

組織文化（企業文化）の分析：一般的に次の4つの類型がある。

1）**機能型文化**：社員は特定の機能でキャリアを磨き、知識・ノウハウを蓄積する。規律を重視し、最高の品質と最小のコストの実現に取り組む。

2）**プロセス型文化**：社員は顧客起点で考え、行動する。機能を横断するプロジェクトが作動している。

3）**起業型文化**：社員は新しい商品・事業・市場の開拓に邁進し、社内起業家として活躍している。

4）**ネットワーク型文化**：社員は会社の枠組みを超え、様々なパートナーシップを開拓し、イノベーションを追求する。

⑦上位目標（Superordinate Goals）

会社のビジョンやミッションの浸透度の分析：企業としての活動基盤となる全社員共通の価値観。

●マッキンゼーの7S

- 組織構造や業務プロセスに関する3つのハードの経営資源：組織構造、戦略、システム
- 人・価値観・風土に関する4つのソフトの経営資源：スタッフ、スキル、経営スタイル、上位目標
- 7つの経営資源の現状とあるべき姿のギャップから事業戦略の方向性を考える
- それぞれの要素が他の要素と線でつながっているのは、ある要素が問題の要因であると特定された場合、その1つだけを見て対策を講じるのではなく、その要素とつながっている他の要素が影響していないかを見るため

◎7Sを使った地方の酒造会社の事業戦略（例）

　国内の日本酒消費が減衰する一方で、欧米での日本酒需要の拡大傾向に合わせて海外進出するにあたり、7Sでその成否を分析。

- Strategy（戦略）：国内市場の深掘りを進めつつ、欧米やアジア市場での新規展開の実現
- Structure（組織構造）：国内に限定された生産体制と販売体制
- System（システム）：生産量が限定されていて、生産と販売はこれまでの方式を踏襲
- Staff（スタッフ）：新卒採用はしばらくなく、熟練者で構成
- Style（経営スタイル）：一般消費者を対象とした酒販店よりも、地元の業務用飲食店向けが販売の中心。社長自ら飲食店営業を行う属人的経営スタイル
- Skill（スキル）：江戸時代から培われてきた酒造りの技術は業界内で評価が高い。県内品評会では毎年のように受賞している商品力に自信。マーケティング力に課題
- Superordinate Goals（上位目標）：伝統が培う商品と信用

　この企業の海外進出成功のカギは以下のとおり。
- 海外マーケティング経験者の採用
- 海外進出先の探索（先行企業調査）
- 商品力の認知を図るためのブランド戦略の構築
- 輸出先でのマーケティングチャネルの確保とその運用

Key Point

7つの「S」について現状を整理し、「S」ごとに組織が目指す姿とどれほどギャップがあるかを分析する

025

戦略思考のフレームワーク②　SWOT分析

「強み」「弱み」「機会」「脅威」から
自社の事業状況を分析する

　組織が目指すべき目標に向かって計画的に事業運営を行うために活用されているフレームワークがSWOT分析です。

　自社の内部環境と外部環境を「強み(Strength)」「弱み(Weakness)」「機会(Opportunity)」「脅威(Threat)」の4つの要素から自社の事業状況を分析します。

- **強み (Strength)**

自社の持つ強みや長所、得意なことを洗い出し、それがなぜ強みとして発揮できているのかを分析

例：商品力やブランド力、優秀な人材など。

- **弱み (Weakness)**

強み同様に、自社の弱みや短所、苦手にしていることを抽出し、その理由を分析

例：リソース不足、人材育成力など。

- **機会 (Opportunity)**

事業環境の変化が事業にプラスに働くことを分析

例：規制緩和、新技術の開発、インバウンド需要など。

- **脅威 (Threat)**

社会や市場などの環境変化がマイナスに働くことを分析

例：国際紛争、高齢化社会、地球環境問題など。

● SWOTマトリクス

強み (S)：目標達成にプラスとなる自分の強み
弱み (W)：目標達成にマイナスとなる自分の弱み
機会 (O)：目標達成にプラスとなる環境
脅威 (T)：目標達成にマイナスとなる環境

　事業戦略の分析に活用されるSWOT分析は、個人の目標管理に応用できます。上図のように、目標達成に影響することを4つの象限に入れて整理することで、やるべきことが具体化します。

　自分をSWOT分析することは、自己理解を深め、今後何を伸ばし何を修正していくかといった自己成長やキャリア開発の動機づけになります。

Key Point
自社の内部環境と外部環境を「強み」「弱み」「機会」「脅威」の4つの
要素から分析する

026

戦略思考のフレームワーク③　ポーターの競争戦略

競争とは、他社とは違う独自性の強みを打ち出すこと

　ハーバード大学のマイケル・ポーター教授が提唱した競争の戦略は、世界の有力企業の経営分析から導き出されました。

　その要点は競争とは相手を打ち負かすのではなく、独自性を打ち出して収益性を高めることにあるとしています。そのための戦略には「最小コスト戦略」「差異化戦略」「一点集中戦略」の3つのパターンがあることを示しました。

1. 最小コスト戦略

　事業規模の拡大による圧倒的な価格競争力でシェアを拡大し、競争相手よりも絶対的優位なポジションを確保します。経営資源が豊富であるほど、この戦略が有効に機能します。

　ただ、規模が大きな企業がひしめく市場であっても、売上高ではなく、コスト低減の徹底などにより利益率で優位性に立つ企業は数多く存在します。

2. 差異化戦略

　競争相手との違いを明確に打ち出し、顧客の関心を強く引き寄せる戦略です。どの企業にとっても他社との差異化追求の重要性は昔も今も変わりありません。市場が成熟するにつれ、一層のア

イデアが求められる経営戦略の1つです。

差異化戦略を顧客起点で考えると、アイデアの出し方が変わってきます。製品開発でかつてよく行われたのが機能の追加でした。差異化を他にはないものという解釈で、競合製品よりも多くの機能を付加することで差異化を図ったものの、その機能を必要とするユーザーがどれほどいるかを検証しないプロダクトアウト型の発想により、期待効果が生じないという事態も招きました。

本来的な差異化戦略は、顧客価値の差異の追求です。それには、顧客のことを知り尽くすユーザーインの発想が重要です。

3．一点集中戦略

市場をセグメント化し、特定のセグメントで圧倒的な存在感を確立する戦略です。

戦略とは究極的には選択と集中、つまり勝算のあるポジションを選択し、それ以外は捨て、選択したポジションに経営資源を集中投下することです。

しかしながら、一点集中では環境変化により足元が不安定になるリスクの懸念があります。そこで焦点が当たっているのが「両利きの経営」です。

「両利きの経営」は周知の如く、従来から強みを持つドメイン事業を徹底的に深耕していく一方で、今後経営の柱となる新規事業を開発・成長させていく経営のあり方です。

Key Point
競争とは相手を打ち負かすのではなく、独自性を打ち出して収益性を高めること

027

戦略思考のフレームワーク④　3C

顧客・自社・競合を掘り下げると、競争優位点が発見できる

　マイケル・ポーター教授が競争戦略を提唱した1980年代、日本では大前研一氏が『企業参謀』（プレジデント社）を著し、独自の企業戦略論を展開しました。そのエッセンスは「顧客」を中心に据えたことです。顧客のニーズを徹底的に分析し、これまで満たされなかったニーズを解消する商品・サービスを提供していくことで競争優位を確立するという考え方です。

　そして「顧客（Customer）」「自社（Company）」「競合（Competitor）」の3者の視点から事業環境を分析し、分析結果から戦略立案を行うことで競争優位に立てるとする3C分析の活用を促します。

①顧客（Customer）

　顧客の分析要素：例）顧客数、購買頻度、年齢構成、地域構成、購買決定要因、接触媒体、購買店舗、購買決定プロセス、市場規模など。

②自社（Company）

　自社の分析要素：例）MVV（ミッション、ビジョン、バリュー）、市場シェアの推移、経営資源、事業の状況など（SWOT分析と重なる部分が多い）。

③競合（Competitor）

競合の分析要素：例）企業概要（売上・利益、社員数、店舗数等）、商品・サービス特性（価格帯、アイテム数等）、流通チャネル、シェアの推移、マーケティング施策（販促、イベント、販売人員）、など。

●3C分析

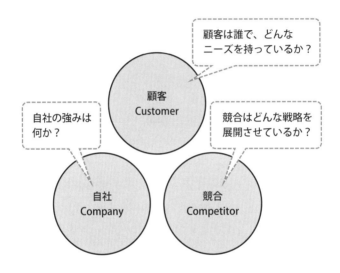

3Cのうち自社のデータ以外は公表されているデータに基づいて分析するため、情報そのものの正確性と鮮度が重要になります。

Key Point

顧客→競合→自社の順に分析し、その分析結果を統合して戦略に活かす

028

戦略思考のフレームワーク⑤　ブルーオーシャン戦略

競争相手のいない場所で
「戦わずして勝つ」が上策

　ブルーオーシャン戦略とは、競争相手のいない場所で事業を行う戦略立案アプローチです。

　2000年代に多くの企業が同じ市場で同じ機能の商品を投入するようになり、既に差異化できない状況の中で価格競争が激しくなりました。それにより企業は疲弊し、その様子を観察したフランスのビジネススクールINSEAD（インシアード）のレネ・モボルニュ教授とW.チャン・キム教授が競争激化市場のレッドオーシャンから競合が少ない市場のブルーオーシャンへの戦略転換を提唱しました。孫子の兵法「戦わずして勝つ」同様のアプローチです。

　株式投資など投資の世界では「逆張り」という言葉があります。相場の流れとは逆の売買を行うことです。

　ブルーオーシャン戦略の成功のカギは、「逆張り」にあります。その好例が、1人で楽しむゲーム機という通念を逆張りして、みんなで楽しめるゲーム機「Wii」を発売した任天堂や、温泉旅館やリゾートホテルは従来、オーナーによる所有と経営が一般的な日本において、運営に特化して成功した星野リゾートなどです。

　ところで、産業の成熟化に伴い、新たなブルーオーシャンの探究のハードルが年々高くなってきています。

そこで最近では、競合がひしめく市場であっても独自資源を活かして、他社と競争しない戦略を取る企業が増えてきました。

このときの成功ポイントは、いかに差異化を図るかということですが、その際に活用できるのがアイデア発想法の古典的定番である「オズボーンのチェックリスト」です。

◎オズボーンのチェックリスト

1. 転用：他に使いみちはないか？
2. 応用：他からアイデアが借りられないか？
3. 変更：色や様式などを変えてみたらどうか？
4. 拡大：より大きく、多く、長く、強くできないか？
5. 縮小：より小さく、少なく、省くことはできないか？
6. 代用：他の何かで代用できないか？
7. 置換：順序や場所を置き換えてみてはどうか？
8. 逆転：正反対や反転させてみたらどうか？
9. 結合：他のものと組み合わせてみたらどうか？

ここまでに紹介したフレームワークは、チームの舵取り法のヒントを提示するものです。

人は行動を起こすときには目標や計画が必須であり、そのための指標を考えることが取るべき行動を具体化します。フレームワークはそのためのツールであり、組織運営を支援するものです。

Key Point
ブルーオーシャンは究極の差異化戦略。差異化の発想にオズボーンのチェックリストを活用してみる

029

問題解決に活かす2つの思考力

細部を検証する分析思考と全体像を想像する概念思考

　主要なマネジメントスキルの1つが、問題解決力です。

　先述した大前研一氏の『企業参謀』（プレジデント社）の中に、スポーツを楽しむのに風光明媚なリゾート地がいいのか、旅行の金額を節約できる都心の高級なテニスコートがいいのか、その意思決定のプロセスの解説があります。大前氏はこのとき、移動や宿泊先で過ごす時間を因数分解していきます。

　そして本来の目的であるスポーツをすることと風光明媚な場所で過ごしながらスポーツをすることを比較し、はっきりとした意志による最善解の導き方を提示します。このような頭の使い方を「**分析思考**」といいます。

　分析思考は、例えば業務システムの刷新のような大きな決断を迫られるときなどに有効な思考法です。社内業務を洗い出し、それぞれのメリットとデメリットについて客観的な事実を細かく分析し、そこで得られたデータに基づいて本質的な答えを論理的に導いていく思考のプロセスです。

　ところで、大きな決断には細部の検証だけでなく、社内外の事例を参考にして様々な事象を関連づけながら全体像を想像し、問題の本質を見極めて最適な結論を導く思考法も必要です。

分析思考が細部を詳細に検証して問題の本質を突き詰めていくのに対し、この方法では全体像を想像することから「**概念思考**」と呼ばれます。概念思考では1つ1つの事象を細かく分析するのとは違い、様々な事象を関連づけて考えます。目の前にある現象が他の要素と絡み合って何が起きるかを想像する思考法です。

　筋道立てて問題解決するには分析思考、新事業を創造するには概念思考といったような使い分けもできます。

●分析思考と概念思考

分析思考が強い人の特徴	概念思考が強い人の特徴
• 細部にこだわり、緻密に仕事をする • 論理が完璧でないと納得できない • あいまいなものは許容できない • 特定の分野の専門家であろうとする • 国語よりも、数学や物理が得意 • 難しい問題を解くことに興味を持つ • 部下がつくった資料に細かく赤字を入れ、修正することが多い • エクセルなどの表計算ソフトを使いこなし、部下や同僚に教えている	• 目標を立てるとき、過去の延長ではなく、あるべき姿を別の観点から導く • 問題を見つけたらすぐに対応せず、問題の背景を探り、真因を探る • 内外の事例を参考に思考する • 比喩やアナロジーを使うことが多い • ストーリーを描くことが得意 • 結論を先に出す話し方をする • 話をする時、現時点での結論を示し、理由をその後に説明する • 歴史書や科学書などからビジネス上のヒントを得ることが多い • 好奇心が強く、新しもの好き

Key Point

細部を検証する「分析思考」、全体観から想像する「概念思考」

030

分析思考力を磨く①　ファクトベース思考

事実を冷徹に見ることで、問題の本質が見えてくる

　分析思考力は気づきにくい小さな現象の発見に活用できることから、「気づき力」や「問題発見力」ともいえます。

この能力を磨くには、ふだんから何事にも興味・関心を示し、観察眼を研ぎ澄ますことです。現状に満足せず、常に改善の余地はないかと現場を見る習慣により磨かれていきます。

　分析思考力が組織に根付いている代表的な企業がトヨタ自動車です。トヨタ自動車が大切にする言葉に「現地現物」があります。「現地現物」とは、現場に行き、現場で起きている不具合や、社員やお客様の困りごとや不満に敏感になり、当事者の立場で問題解決を図ることです。

　また、**分析思考力を強くするには、物事をよく観察し、観察したことを言葉にすること**です。見たことを書き、書いたことについていろいろ検証してみる習慣が大事です

　筆者が在籍したマッキンゼーでは、問題をつぶさに検証する目的からファクト（事実）をもとに客観的・合理的に判断する「**ファクトベース思考**」が重視されました。

　これは、問題発見とその解決に属人的にならず、軸をぶらさず対処できる思考法です。

ファクトベース思考は意思決定の場面で機能する思考法でもあります。例えば、新規の顧客開拓にあたって取引開始を判断するようなとき、財務情報の事実から意思決定すれば、問題を未然に防ぐことができます。

　先方のブランド力や担当者の人柄ではなく、あくまで客観的、合理的に判断するので、ややもすると冷徹に見えるかもしれませんが、問題発生を未然に防ぐという目的からすると正しい判断ができます。

　マネジャーはチームをリスクから遠ざける役割をきっちり果たしてこそ、信頼感が醸成されます。その意味でもファクトベース思考は有益です。

　そしてファクトベース思考を練磨することで、分析思考力のスキルが磨かれていきます。

　しかし、それは容易なことではありません。ファクトベース思考は単に情報やデータを集めるということではありません。

　少し飛躍しますが、ローマのユリウス・カエサルの有名な言葉に「人間ならば、誰も現実のすべてが見えるわけではない。多くの人は見たいと欲する現実しか見ていない」があります。

　『君主論』を遺したマキャベリには「人間は見たくないと思っているうちに実際に見なくなる。考えたくないと思い続けていると実際に考えなくなる」という言葉があります。

　いずれも、ファクトベース思考の重要性とその深さを思い起こさせる名言です。

　Key Point
客観的に合理的に事実を検証する「ファクトベース思考」

031

分析思考力を磨く②　真因の特定とワイガヤ

他者と意見をぶつけ合うことで
問題の本質が見えてくる

■トヨタの「真因の特定」

トヨタ自動車によれば、問題には2種類あるそうです。

1つは、表面に見える誰もが感じる問題です。機械が故障する、生産現場にゴミが落ちている、メンバーの士気が上がらない、といった目視できる問題です。こうした問題に1つ1つ手を打っても、解決したと思ったら他の問題が噴出するというような「モグラ叩き現象」がよくあるそうです。

なぜ「モグラ叩き現象」が起きるのか？

トヨタ流に言うならば、根本的な問題である「真因」に手を打たないからです。

よって、もう1つの問題、「表面には見えない問題」を探る、「真因を特定」する意識を強く持つことが大事になってきます。

「真因を特定」するには、他部署など他者の視点を交えたブレストの場を設けることなどが効果的です。

そして「真因の特定」には、「そもそもの問題は何か？」と源流までさかのぼり、小さな問題も見逃さない観察力と問題の原因となった事実の分析力が重要です。

システムがよく不具合を起こすのであれば、ハードに問題があるのか、ソフトの問題か、あるいは社員のスキルや行動の問題

か、といったいくつかの視点に切り分けて、どこがいちばんのネックになっているかが特定できれば真因が見えてきます。

■ホンダの「ワイガヤ」

「ワイガヤ」とは、会議やミーティングなどの場でワイワイ、ガヤガヤと遠慮なく発言し合うことで価値を生み出す、ホンダ（本田技研工業）が生み出した企業文化です。

粛々と進む会議では、ふと思ったことや気づきを発言することがためらわれたりします。そうした場では、なかなか小さな発見や隠れている事柄をあぶり出すことが難しいものです。

分析思考力を磨くには、「新しいことを知る」「知らないことを知る」、つまり興味・関心を持つ習慣が大事です。

会議の場での他者の意見を肯定的に捉え、「なぜそうした意見なんだろう？」「それって具体的にはどういうことなんだろう？」という姿勢で発言者に確認を求めることで相互理解になりますし、相手の真意をはっきり知ることができます。そうした意見が飛び交う場がワイガヤです。

こうした習慣を持つと、部下、同僚、上司をはじめ、他部署や関係先、有識者を巻き込んで、自由に意見を出す場をつくれるようになり、ファシリテーションスキルも磨かれていきます。

情報は、自分の頭の中に貯めるだけでは活かされません。吐き出し、他者にぶつけることで、思いもよらない"面白い"情報が跳ね返ってくるのです。

Key Point
問題解決は表面だけにとどまらず、本質を見抜くまで行う

032

分析思考力を磨く③　仮説思考

問題解決は仮説をつくると
取り組みやすくなる

　仮説を立てて問題を検証する仮説思考も分析思考力を磨くには有効です。**仮説思考とは、問題解決の答えの仮説を立て、関係するデータを集めて分析し、その仮説が正しいかどうかを確かめる思考法**です。

　問題への仮説を立てる第1の方法は、過去の振り返りです。

　例えば、過去に似たような問題はなかったか、その問題はどう解決したのか、なぜ解決できたのか、といったことを調べます。

　時を少しさかのぼる話になりますが、2012年の日本は極度の円高に苦しんでいました。1ドルが80円前後になるまで円が買われていきます。輸出企業の多くは深刻な経営危機に陥りました。ある経営者はこのとき、「想定できない円高であり、業績低迷は自分たちの責任ではない」と強弁していました。

　果たして「想定できない円高」だったのでしょうか？

　過去を振り返れば、同じ水準の円高が1995年にもありました。その後、円は1ドル80円と140円の間を動いていきました。過去を振り返ることで、「想定できない円高」というのは責任逃れで、2012年の円高は一時的には問題であっても、長期に続く問題ではないと気づいたはずです。

問題への仮説を立てる第2の方法は、他社で発生している現在の問題について、その事例を参考にすることです。他社とは同業他社だけではなく、異業種も含みます。特に、異業種から学ぶ姿勢は問題発見の可能性を広げます。

　銀行業界の問題でこれを考えてみましょう。

　預金金利と企業や個人への融資による金利の差である利ざやが継続的に低下していくという問題があったとします。

　この答えを総合商社の例から仮説を立てて考えてみます。

　商社業界では売買の仲介手数料を江戸時代から使われている「口銭」という専門用語で呼ぶことがあります。商社にとって口銭ビジネスは1980年代まで主流でした。しかし、1990年代に入ると仕入れ先と販売先が直取引を始めるようになりました。

　これにより日本の総合商社は仲介ビジネスには未来がないと判断し、事業投資へとビジネスの軸足を移しました。配当収入を得る会社になることで成長の活路を見出したわけです。

　例えば、三菱商事はコンビニのローソンや食品スーパーのライフの株式を保有し、筆頭株主になりました。

　この商社のケースから、日本では利ざやを稼ぐ仲介ビジネスよりも投資ビジネスに魅力があると推察されるので、銀行も利ざやから投資やサービスといった新しい領域へと舵を切るべきとの仮説が生まれるということです。

Key Point

仮説思考の有効策：①過去の振り返り、②他社事例の分析

033

概念思考力を磨く①　システム思考

問題をシステムとして捉えると 問題に関連することが見えてくる

　概念思考力は、物事を俯瞰的に観察し、包括的に本質を見極めるスキルです。**細部を見る分析思考力と包括的に見る概念思考力の活用で機会や脅威をもれなく発見でき、チャンスや問題解決にいち早く打ち手が繰り出せます。**また、広い視野から問題等の焦点の絞り込みに活用できる一方で、一般的な事実からチャンスやリスクを推論することにも有効なスキルです。

　1990年代初頭のバブル崩壊からその後の日本は「失われた30年」と言われる経済低迷の時代を継続させてきています。

　これは日本企業には危機を予見する力量が弱かったからです。察知できなかった危機に次の3つがありました。

　①グローバル化の潮流

　②スマホの世界的普及などのインターネット革命

　③中国に代表される新興市場の成長スピード

　このとき、1つの現象が連鎖の構造のように様々な変化を引き起こす様子を想像する思考で事態を冷静に見つめていれば、日本経済のダメージは最小限に抑えられたと思います。

　概念思考力を強化するフレームワークに「システム思考」があります。**システム思考とは、いま、目の前にある現象が未来にどのような現象を引き起こすかを推論する思考法**です。

欧米では問題解決や事業機会の探索などを合理的に行う思考法として知られるシステム思考は5つの原則から成ります。

第1の原則：連鎖の構造

連鎖の構造とは、1つの現象が他のどんな現象を誘発しているかを観察することです。連鎖の構造から常に考えることを習慣にすれば、次の展開を読む力が強化されます。

シェル石油のケースで連鎖の構造を見ていきましょう。

サウジアラビアを中心とする中東湾岸諸国の民族自決権の確立と石油権益の国有化が1950年代から始まりました。シェルはこの動向を注意深く見つめ、これらの事態が次に何をもたらすかについて様々なシナリオを研究し、世界中から有識者を集め、連鎖の構造を想像します。その結果、OPEC（石油輸出国機構）の誕生を予見し、1960年にはそのとおりになりました。

そして第4次中東戦争の勃発を受け、OPECは1973年に石油の減産と大幅な価格の引き上げを発表します。世界を震撼させたオイルショックの始まりでした。シェルはこのシナリオを仮説として経営計画を策定し、周到な準備をして危機を回避しました。

第2の原則：好循環と悪循環

好循環と悪循環とは、目の前の現象だけを見るのではなく、複数の現象が循環するパターンになっていないかを想像し、そのパターンを知ることで未来を予見し、そこから機会を捉え、脅威を未然に防ぐ思考習慣です。

1980年代に急成長し、突然失速消滅した米航空会社ピープルエキスプレスの事例で考えてみましょう。

ピープルエキスプレスは今日のLCC（格安航空会社）のように低価格により顧客が急増し売上が急成長、便数の拡大がさらなる需要を呼ぶという好循環が生まれます。しかし、便数の拡大に合わせて、チェックインや機内クルーなどのサービス面の人材不足が生じ、顧客満足度が急減します。ここから成長が止まり、売上低下によるコストカットが教育投資の縮小に及び、サービスはさらに悪化、顧客離れの加速という悪循環に入ります。

こうした事態はスタートアップや新規事業によく起こります。スタートアップや新規事業にとって成長の好循環が生命線になります。しかし好循環を実現しても、その後さらなる施策を講じなければ悪循環が始まります。

このケースの場合、成長の過程の好循環のときに次に起こる事態をシステム思考を使って予見していれば、いったん立ち止まってサービスレベルを落とさないための施策が取られていたことでしょう。

第3の原則：ボトルネックの発見

ビジネスプロセスを円滑に進めるにはその流れを停滞させるボトルネック（瓶の首）を早めに発見し対策を講じることです。

例えば製造業であれば、研究→開発→購買→製造→マーケティング→販売→サービスといった機能の一連の流れ（ビジネスプロセス）があります。こうした機能すべてを自社で完結する垂直統合では事業の成果は最も弱い機能によって決まります。

他の機能がどれほど優れていたとしても、1つの機能が作動しなければ、結果はゼロになることもあります。

第4の原則：指数関数的成長の脅威

　指数関数的成長とは、倍々ゲームのように爆発的な加速度で巨大な変化を起こすほどの成長のことです。

　1980年代に米国南部の田舎町で創業された流通業ウォルマートの当初の売上規模は2000億円程度でした。しかし、「エブリデイ　ロープライス（毎日特売）」をコンセプトに小型店舗を地方都市に展開していくことで指数関数的成長をはじめます。

　やがてウォルマートは、同業者がその後を追いかけることができないほどの80兆円を超える売上規模の巨大流通業を築き上げることになりました。シアーズ・ローバックなどの伝統的な流通業は大きな打撃を受けました。

　変化に鈍感だと身の破滅を招く比喩に「ゆでガエル現象」がありますが、まさに指数関数的成長に意識が向かないと知らぬ間に危機から脱出できない状況に追いやられることをウォルマートの成長事例は教えてくれます。

第5の原則：短期の成功がもたらす長期の失敗

　これは、いっときの成功に安住して、その後の打ち手を考えない愚をおかすなという戒めです。

　成長を続けるには、常に危機が訪れることを考えて事前対策を施さなければなりません。こうした危機管理能力を磨くことで、自己成長と組織マネジメント力が研ぎ澄まされていくものです。リーダーの心得として大変に重要なことです。

Key Point

概念思考力は、物事を俯瞰的に観察し包括的に本質を見極めるスキル

034

概念思考力を磨く②　海外ニュースの視聴と多読

情報を広く深く読むことで大局的な思考力は磨かれる

　筆者には概念思考力を磨くための習慣が2つあります。

　1つが、「NHK BSワールドニュース」を毎日見ることです。中国の経済成長、世界各地の紛争、生態系の破壊をもたらす環境問題など世界で起きている事実から今後起きる事態を想定することは物事を大局的に見るトレーニングになります。

　世界の動きがいずれ日本にも波及してくれば、我々のビジネスにも何らかの影響が生じます。ビジネスに影響しそうな兆候を早く知ることができれば機会と脅威に準備ができます。

　もう1つは、自然科学や古典を中心とする多読です。古典は、現在と過去の普遍性や変化など、大局的な視点から様々な事象を俯瞰するのに大変有効です。物事を垂直的な流れで考える習慣も身につきます。

　ところで、「学び」についての気づきが得られる古典の代表格が、「初心忘るべからず」などの名言で知られる世阿弥の遺した『風姿花伝』です。一般的に「初心忘るべからず」は当初の新鮮な気持ちを忘れてはならないという自戒の言葉として使われますが、その真意は物事を始めたときの自分の未熟さを知ることにあります。そこから自分はどれほど成長したのかを測る基点として世阿弥を「初心」を説いたのです。

深読みすることでこうした気づきが得られ、物事の本質を考えるテキストとして古典は筆者の思考習慣に影響しています。

　また、自然科学は物事の連鎖を水平に見るのに役立ちます。例えば、レイチェル・カーソンの『沈黙の春』は1962年刊行の本ですが、このとき既に米国の環境問題に警鐘を鳴らした名著です。当時の経済活動優先の米国の様々な問題が現代のグローバル経済にどう影響しているのかを考えるヒントになり、改めて環境問題の本質について考えさせられます。

　リチャード・ドーキンスの『利己的な遺伝子』も人間の傲慢さを考えるヒントを提供してくれる名著です。自然界で起きていることは我々人間にどんな影響を及ぼすかに思いを馳せるきっかけになると同時に、あらゆる事象にはつながりがあることの気づきを与えてくれます。

　こうした本の読み方を通し、筆者は物事を大局的に見る習慣が身につきました。

　読書ではまず、「はじめに」を読み、著者が伝えたい主張を掴みます。続いて目次を眺めて概要を把握してから「おわりに」を読みます。そして、目次で興味を引かれた本文を読みます。

　読了すると本のポイントや内容の主旨をＡ４用紙1枚ほどにまとめ、ファイルし、時折そのファイルを見返します。

　これにより読んで終わりではなく、読んだことが定着します。

Key Point
広範な情報収集の習慣とそれら情報からこれから起こる事象を思考する習慣を練磨する

035

概念思考力を磨く③　間口が広いインプット

様々な意見やアイデアの交流が新たな発見を生む

　日頃顔を会わす社内の人たちとばかりコミュニケーションしていると、似たような発想になったり、新発見が起こりにくかったりします。**イノベーションのカギは「新結合」と言われますが、自分や自分の所属組織にはない知見に触れることで、発想が予想もしない方向に広がる**ことがあります。

　概念思考力を磨くには広く俯瞰的に物事を捉えることが大切だと述べましたが、そのことがアイデアを発散させることになったりもします。つまり、インプットの間口を広げることで、広角なアウトプットが発せられるということです。

　アイデア発想においては同質的な人たちからもたらされる情報よりも、全く違った世界の人たちからの情報のほうが驚きや刺激のある気づきが得られることが多いものです。

　かつて米国のGEでは、定例化した会議や形骸化した社内文書、慣例重視といった官僚体質が業務レベルを低下させたことがありました。官僚体質により組織内外に壁がつくられたことで、課題発見やアイデアが生まれにくくなったのです。

　そこで当時CEOのジャック・ウェルチ氏が導入したのが「**ワークアウト**」という組織内外に境界線をつくらない、全社的な風土

改革を目指した改善手法でした。「無駄な仕事（ワーク）を排除（アウト）する」が命名の由来です。

　日本のTQCのように組織横断的な小グループで業務改善案を出し、問題解決を図るこの手法は以下の流れで展開します。

1）**ワークショップ**
　　ある部門のマネジャーが自部門の課題を提示して退席。それに対して組織横断的に組まれたいくつかのグループがファシリテーターの進行のもと改善案を出す。

2）**タウンホールミーティング**
　　改善案の立案者であるオーナーが退席したマネジャーにプレゼンし、マネジャーは実行の可否をその場で決定する。

3）**実行**
　　改善案が承認されればオーナーがリーダーとなり、組織横断的に結成した変革チームが実行に移す。

4）**トップへの報告**
　　実行した成果を経営トップに報告し、社内で共有する。

　これによりGEは組織内外の垣根が取り払われ、様々な人からの意見やアイデアが交流する会社に改革されました。多くの米国企業が苦況に陥った1980年代後半に始まった試みです。

　多様化する社会では「境界線をつくらない」コミュニケーションが働きやすさのカギとなり、組織の生産性や成長に一層重要になっていくことは必然です。

| Key Point |
インプットの間口を広げることで、広角なアウトプットが発せられる

036

問題解決力レベルの自己判定

情報探究力、分析思考力、概念思考力

　ここまで、自律的に問題解決を図りながら職務を遂行していくために役立つ分析思考と概念思考について説明してきました。

　ここでは、この2つのスキルの土台となる情報探究力を加え、各スキルのレベル感を簡便に把握する指標を紹介します。

1. **情報探究力：目標達成に必要な情報を広く・深く・速く集める能力**
2. **分析思考力：気づきにくい小さな現象を発見する能力**
3. **概念思考力：俯瞰的に物事を観察し、全体感から本質を見抜く能力**

　情報探究力でとりわけ重要なのは、一般には公表されていない希少性の高い情報を持つ人から「一次情報」を得るスキルです。

　得た情報を取捨選択して使える情報に整理し、そこから何が読み取れるのかを類推します。このとき活用するスキルが、分析思考力です。分析思考力を磨くには、常に「何のための分析か？」を明示し、分析にしっかりとした目的意識を持つことです。

　分析の結果をもとに解決策を導くには概念思考力を使います。「結果はわかった。それではどうするのか？」と"So What?"を口癖にすることで概念思考力は練磨していきます。

1．情報探究力

　情報探究とは、仕事に関係する重要な情報を直感的に見つけ、そこから本質を探り、その意味することを導き出す感覚のことです。そして情報探究力に優れた人に見られる特徴が「良い質問」です。問題の本質を探るための問いの立て方に優れているということです。

　情報探究力は業務経験に従って磨かれていくものですが、「今自分の仕事に役立つ情報は何か？」と問題意識を持つことがこのスキルを磨くうえでとても重要になります。

●情報探究力レベル

レベル1	会議やセミナーで疑問があればすぐに手を挙げ質問する。わからないこと、不明瞭なことをそのままにせず、確かめようとする。
レベル2	質問して得た答えを鵜呑みにせず、その答えが本当に正しいかどうかを文献やネットを駆使してエビデンスを検証する。
レベル3	調べた情報から派生して、関連情報を収集・分析・整理・蓄積し、知識の幅を広げることをふだんの習慣に持つ。それらの情報を他者にも共有する。
レベル4	新しい情報を探索する習慣があり、何を知らないのかを知ろうとするメタ思考で情報分析する。興味関心のあるテーマにおいては機敏に行動して収集と分析に努める。
レベル5	仕事上有益な情報が自動的に入手できる仕組みを構築している。社内外から専門的な一次情報が寄せられる情報ネットワークを持つ。

２．分析思考力

　財務分析や市場分析などテーマによって分析手法が変わりますが、共通して言えることはビジネスにおける分析は「次は何をすればいいのか？」、つまり行動を起こすための答えを導くことが主目的です。そのために、「何のために分析を行うのか？」という目的意識をはっきりさせるのです。

　それとともに大事なことは、「何を分析するのか？」という分析する情報の選択力です。例えば現状の課題は何であり、その課題を解決するにはどんな情報が必要かを選択するスキルです。そのスキルを磨く前提として、文献やネットだけでなく様々な情報源を持つことが極めて大事です。

●分析思考力レベル

レベル1	情報を一定のルールに従って分類して整理できる。例えば、男性と女性、20代と30代、製造業とサービス業など情報の構成要素を論理的に分類できる。
レベル2	整理情報のモレやダブリを発見したり、情報の要素間の意味を見出すことができる。例えば20代と30代の可処分所得の違いから嗜好性の特性が分析できるなど。
レベル3	単純な相関関係からの分類だけではなく、一見関係しないような事象のつながりを発見できる。例えば男性の未婚者増加の背景を各種調査情報から分析できるなど。
レベル4	仮説を立てて分析し、エビデンスをもとに予測やシミュレーションができる。例えば未婚男性の増加は自社事業に今後どのように影響するかが洞察できるなど。
レベル5	多変量解析など統計手法を活用して各種情報の分析から未来予測ができる。例えばシンクタンク等の調査データをもとに所属業界の未来予測ができるなど。

3．概念思考力

概念思考力は様々な事象や情報を全体観をもって組み合わせながら最適解を導くスキルです。森を見て木を見るように全体を俯瞰し、自身の知見から特徴や特性を発見していく思考法です。

様々に意見が出された会議で「要するに一言で言うと……」と全体の流れを咀嚼して端的に結論を示すことができる人は概念思考力が高い人だといえます。

●概念思考力レベル

レベル1	物事の是非や可否を判断するとき、規範やルールに則して行える。近視眼的になることを避け、俯瞰して客観的に判断できる。
レベル2	雑多な情報の中から意味のある対象を見出す「パターン認識」や、世の中の趨勢から一定の傾向を見出す「トレンド認識」が行える。
レベル3	物事を原則から判断するためにエビデンスと照らし合わせて事実を見出せる。現実を直視して、過去のケースや他社のケースによる問題解決のアプローチができる。
レベル4	多くの経験と知識に基づき、現在起きている現象から今後の事態を類推し、その事態に対応するために即座に行動する実行力を持つ。
レベル5	社会トレンドの全体観から自ら新事業のビジョンを提言できる。また社内外のリソースを概観し、これからのトレンドを読みながら新事業をプロジェクト化できる。

Key Point

問題解決力を磨くために、ふだんから業務上何か不都合はないかと考える習慣を身につける

人を動かす

デール・カーネギー著　山口博訳　創元社

　対人関係力を身につけるための実践的名著。1937年の初版以来、日本をはじめとする多くの国々で読まれ続けているように、普遍的な内容ですぐに実践できるテクニックが披露されています。

　人を動かす三原則として、①相手の短所や失敗を責めない、②相手を褒め、存在に感謝する、③相手に欲求を起こさせる、としています。

　そして人に好かれる六原則として、①誠実な関心を寄せる、②常に笑顔を忘れない、③名前を覚える、④聞き手にまわる、⑤相手の関心を見抜いて話題にする、⑥自分がして欲しいことを相手にもする、など具体的行動を「原則」として紹介していきます。

完訳 7つの習慣

スティーブン・R・コヴィー著　フランクリンコヴィージャパン訳　キングベアー出版

　米国の成功に関する様々な文献の分析を通して導き出された成功の条件とは、誠意、謙虚、誠実、勇気、正義、忍耐、勤勉、節制、黄金律（他人にしてほしいことを他人に対して行え）の実践などであり、これらを体得し人格に取り入れることが大切だとしています。つまり、成功するには人格を磨くことを原則にすることであり、そのレベルに達するために次の7つの習慣を実践することだとしています。

　①主体性を発揮する、②目的を持って始める、③重要事項を優先する、④WinWinを考える、⑤理解してから理解される、⑥相乗効果を発揮する、⑦刃を研ぐ

第 3 章

リーダーシップの発揮

リーダーとは

希望を提供してくれる人のことだ。

ナポレオン・ボナパルト

多様な個性を持つ人々が組織内で自由闊達に発言や活動ができ、その力をまとめてチームの成果創出に貢献する風土をつくることができるリーダーのことを「インクルーシブリーダー」といいます。インクルーシブ（inclusive）とは、「すべてを含んだ」とか「包括的な」という意味です。

　近年のビジネス現場では「DE＆I」や「心理的安全性」がチームマネジメントの要件になってきています。DE&Iとはダイバーシティ（多様性）、エクイティ（公平性）＆インクルージョン（受容・包括性）のことであり、心理的安全性とはチームの中で誰もが臆することなく自分の意見が発言できる組織の状態のことです。マネジャーとして留意しておかなければならないこうした要件は決して新しいものではなく、昔も今も変わらずに重視されてきました。

　ただ、昔と今で違うことがあるとすれば、それはメンバーの個性を尊重するリーダーシップ、つまりインクルーシブリーダーになるためのアプローチや方法論が開発されていることです。

　2000年代に入り、ビジョナリーリーダーへの関心が高まりました。ビジョナリーリーダーとは、短期的な財務成果の達成でなく、未来に向けてのビジョンを構想し、企業の変革を実現するリーダーのことです。ビジョナリーリーダーは、変革に挑戦していくうえで引き続き重要です。

　しかし、近年の研究ではビジョナリーなリーダーシップとともに、多様な人たちを活躍させることで変化に柔軟に対応していくインクルーシブなリーダーシップも備える必要があることがわかってきました。

　本章では、インクルーシブリーダーを中心に、マネジャーのリーダーシップを具体的に検証していきます。

037

成果創出の2つのフレームワーク

「ビジネスライン」と「ピープルライン」からの目的達成アプローチ

　マネジャーにはミッション（使命）を果たすためのタスク（課業）の進捗管理をするだけでなく、チームとしての付加価値の創出が期待されます。ここでいう付加価値とは商品・サービスの機能に加えて顧客や関係者が高い満足感を得られる、その企業独自の価値のことです。

　例えば、顧客から支持される唯一無二のブランド力であったり、他社の追随を許さない利便性の高い配送方法などです。

　付加価値が最大出力化されると、高い成果が得られます。

　付加価値を考えるにあたり、まずは皆さんのチームが成果を生み出している得意なパターンは何かを振り返ってみましょう。どんなことに関心を向けたり、注力したりしているでしょうか？

- 顧客動向や競争環境を踏まえた差異化のための商品戦略？
- モニター参加による顧客起点の商品・サービス開発？
- メンバー個々の自律性を尊重した組織体制？
- 成長実感が得られるストレッチな目標管理？
- 自己啓発学習が推奨される組織風土？

このように、チームが成果を創出するための着眼点はいくつも
あります。これらを整理すると、チームが成果を出すアプローチ
は、「ビジネスライン」と「ピープルライン」に大別できます。

「ビジネスライン」は、チームの方針、それを具体化した目標
や達成基準、それを実行していく組織体制、役割分担やプロセス
など

戦略→商品・サービス→組織・プロセス・システム
→付加価値（成果創出）

という流れで目的を果たすことです。

一方の「ピープルライン」は、マネジャー自身とメンバー各人
の特性、メンバーへの働きかけ方、その結果生まれるチームの雰
囲気といった、

個人特性→リーダーシップスタイル→組織風土
→付加価値（成果創出）

という流れで目的を果たすことです。

Key Point
付加価値を考えるにあたり、まずは所属するチームが成果を生み出し
ている得意なパターンを振り返る

038

ビジネスラインによる成果創出

会社の事業が顧客に
届くまでの流れごとに
課題を明らかにする

　ビジネスラインは、会社の事業が顧客に提供されるまでの仕事の流れのことです。従来から行われている事業であれば、一定のパターンができあがっているはずです。

　スタートアップや新規事業開発、既存事業のテコ入れではゼロからの構築や改良・改善などが必要になります。

　ビジネスラインでは、将来に対する洞察から「戦略」を整理することを出発点にし、続いて「商品・サービス」の価値のあり方を検討したうえで、「戦略」を実現する「商品・サービス」をいかに効果的に顧客に提供できるか「組織・プロセス・システム」を考えます。

　各段階での検討事項は主に次のようなことです。

［戦略］
- 長期的にどのように市場が変化するのか、考えられるシナリオは？
- それぞれのシナリオにおける脅威または機会に対応するために必要な対策は何か？
- それを実現するために今からやるべきこと、またはやるべきではないことは何か？

［**商品・サービス**］

- 戦略を実現することで関係する社内外の関係者に貢献するために、どのような差異化した価値を目指すのか？
- その価値を具現化する商品・サービスの企画・開発・提供はどうあるべきか？
- 競争優位性を維持・確保するために必要な差異化のポイントはどこか？
- どのような販売チャネルを使うのか？
- どのような価格政策をとるのか？
- どのような宣伝・広告を行うのか？

［**組織・プロセス・システム**］

- 目的を実現するためにマネジャーとそれぞれのメンバーに期待される成果責任は？
- 成果責任を達成するために効率的・効果的で持続可能な作業手順は？
- それらを実現するための各種の仕組みはどうあるべきか？
- どのように業績を評価するのか？
- どのような報酬とインセンティブを提供するのか？

Key Point

ビジネスラインは、会社の事業が顧客に提供されるまでの［戦略→商品・サービス→組織・プロセス・システム］という流れのこと

039

ピープルラインによる成果創出

ピープルラインは
ビジネスライン以上に
成果創出の貢献度が高い

　ピープルラインはまず、メンバーの「個人特性」に着眼します。個人特性とは、「その人は何者であるか?」を明らかにするあらゆる要素です。例えば、成果を創出する行動特性、性格特性、原動力などが含まれます。

　加えて、これまでの職務経験、保有している知識・スキル、仕事をするうえで大切にしている価値観や何のために働くのかというパーパス（目的、存在意義）など、組織の一員として成果創出を目指すうえでは様々な個人特性が関係してきます。

　実は、**マネジャーとして主に求められるのは、プレイヤーとしての能力や貢献よりも、チームのメンバー1人ひとりの能力と貢献を最大出力化するためのリーダーシップ**にあります。

　なかでも、メンバー1人ひとりの個性を尊重し、その個性の関係性をつなぎ合わせるインクルーシブなリーダーシップを発揮することは、働き方の多様化がさらに進むこれからのビジネスにおける成果創出において極めて重要になっていきます。

　そして、マネジャーとして発揮したリーダーシップの結果として、チームメンバーが主観的に感じる雰囲気や組織風土も成果創出の一端を担います。メンバー1人ひとりが持っている力を最大

出力化したいと思わせる雰囲気がチーム内にあるかどうかは、当然のことながら成果を左右します。

ここで1つ、質問です。

ビジネスラインとピープルラインの両方が大切なことは当然として、成果を出すにはどちらを「より大切」にすべきだと思いますか？

この問いを持つことは、ビジネス環境の変化に柔軟に対処するマネジャーとしては極めて重要です。

答えは、置かれた環境によって、また同じ環境でもタイミングによっても変わってくるでしょう。しかし、様々な研究結果を俯瞰して統計的に見ると、ビジネスラインよりもピープルラインが成果に大きな差をつける要因であることがわかっています。

さらに言えば、マネジャーにはビジネスラインを変える裁量がない場合もあります。例えば、戦略策定はマネジャーの上司の権限だったり、商品・サービスや組織・プロセス・システムは他部門の管掌範囲だったりする場合です。

しかしマネジャーは、担当チームのピープルラインへの働きかけはできます。ビジネスラインは権限外でも、ピープルラインはマネジャーの裁量次第です。

Key Point
インクルーシブなリーダーシップは、働き方の多様化がさらに進むこれからのビジネスにおける成果創出において極めて重要

040

組織風土を測る6つの軸

柔軟性、責任、基準、評価・処遇、方向の明確性、チーム結束

　働きやすい組織風土にするのはマネジャーの仕事として大きな要素を占めます。組織風土は、メンバー1人ひとりの力を最大限に発揮できる状態を左右するからです。「風土」とは英語では「climate（天気）」ですが、組織風土は天気が目まぐるしく変わるように決して安定的ではありません。外部環境や条件の変化、メンバーの入れ替わりなどにより変わることがあります。

　よって、組織風土は組織文化とは異なります。

　組織文化は組織のどの部署、どの社員も共通に持つ価値観や慣行で、短期間に変わるものではありません。

　一方、組織風土は変動する余地が大きいものです。そのため、移ろいやすく、目に見えずに認識しにくい組織風土を成果創出に結びつけるためには一定の指標が必要です。

　その1つとして、筆者は組織開発のお手伝いをするときに6つの軸から組織風土を測るフレームワークを活用しています。

　これは先述（28ページ）したように、コーン・フェリーの源流にあたるヘイグループとハーバード大学が、どのような組織風土が業績向上に良い影響を及ぼすのかを究明する共同研究により生み出されたものです。その内容をあらためて記します。

1) **柔軟性**：状況に応じて柔軟に連携できるか、仕事をしやすい環境が整備されているかどうかの度合い。チームの「のびのび感」。

2) **責任**：メンバーに裁量が与えられ、当事者意識を持てている度合い。チームの「任され感」。

3) **基準**：高い目標、より良い仕事を追求しようという意識が組織内に浸透している度合い。チームの「ストレッチ感」。

4) **評価・処遇**：メンバーの貢献が適正に評価されているかどうか、評価に対する納得感の度合い。チームの「納得感」。

5) **方向の明確性**：組織の向かうべき方向性や、その中で期待される役割を明確に理解している度合い。チームの「明瞭感」。

6) **チーム結束**：一体感があるかどうか。メンバーが組織に対してコミットメントを感じている度合い。チームの「一体感」。

　ここで大切なのは、良い悪いという単純な物差しではなく、様々な角度から組織風土を認識できる物差しを持つことです。

　自分なりの"組織風土のアンテナ"が持てると、マネジャーとしてチームを運営するうえでの強力な武器になります。

Key Point
組織風土は良い意味でも悪い意味でも変動する余地が大きい

041

組織風土を評価する観点

メンバーの期待や不満は
風土の高低とは
必ずしも一致しない

　組織風土を測るにはまず、①柔軟性、②責任、③基準、④評価・処遇、⑤方向の明確性、⑥チーム結束の6つの軸それぞれの度合いが高いか低いかを評価します。例えば、「柔軟性（のびのび感）」が低ければ、メンバーにとって無駄なルールが多かったり、アイデアが受け入れられにくいためにチーム力が最大出力できる環境になっていないと判断できます。

　しかし、**マネジャーとして注意を払うべき観点はメンバーが認識している6つの軸の高低をもとに良し悪しを単純に判断するのではなく、どの軸にメンバーの期待または不満が最も集まっているかを理解すること**です。なぜなら、現状の度合いの高低と、メンバーの期待や不満は必ずしも一致していないからです。

　「責任（任され感）」を例にとると、メンバーが任されていると感じる度合いが低い場合、必ずしもメンバーは「責任」の度合いを高くしてほしいと思っていないこともあります。

　例えば、環境変化が激しくて組織の方向性が明確に示すことができなければ、普通は「責任」を高めてほしくありません。

　また、「基準（ストレッチ感）」が安定した水準にあるとき、市場が活況になれば、メンバーは自分の担当業務の業績向上を図ってや

る気が刺激されて、ストレッチな「基準」に挑戦したいと思うこともあり得ます。

この6つの軸は、メンバーが自分たちの力を最大出力するために組織に何を期待しているのか、またはどのような不満を持っているのかを判断する指標として活用します。その際に、組織風土の現状と期待のギャップを確認しておくとよいでしょう。

次ページのグラフは組織風土の6つの軸について、円の高さが現状の水準、円の大きさが現状と期待のギャップです。コーン・フェリーが過去30年間にわたって活用してきた診断ツールの結果をイメージとして示したものです。

メンバーの裁量が高い「放置型」は「責任」が高く、「チーム結束」が低くなっています。メンバーは任され感を持って仕事をしているものの、チームはバラバラの状態になっている、と見ているということです。そして、「方向の明確性」のギャップが最も大きいので、リーダーに方向性を示してほしいという高い期待があります。

マネジャーの管理が強い「燃え尽き型」は「基準」が高く、ハードル感が高まって、ピリピリした状態です。任され感はなく、もっと評価してほしいという高い期待、つまりもっと褒めてほしいということです。

マネジャーの管理が弱い「ぬるま湯型」は、「責任」や「評価・処遇」が高くなっています。これは、任され感もあり、褒められてもいるものの、「方向の明確性」は低く、向かう方向がわからない状態です。そして、「基準」のギャップが大きいので、どれだけのレベルが求められているかを明示してほしいとの大きな期待があります。

●組織風土の現状と期待のギャップ

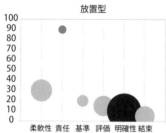

放置型

- 全体としては停滞気味の中で、「責任」だけが突出
- どちらに向かうべきかが明示されずに任されている。メンバーは「放置されている」と感じている
- マネジャーがメンバーの最大出力化に目を向けていない、または創り出している組織風土を認識できていない可能性

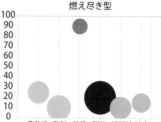

燃え尽き型

- 「基準」が高く「評価・処遇」に大きなギャップ
- どこまでやるべきかを示されているため、それに応えようとするが、応えても報われない
- マネジャーが短期的な業績偏重になっている、またはマネジャーがプレイヤーとしてメンバーと競っている可能性

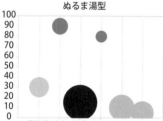

ぬるま湯型

- 「責任」「評価・処遇」が高く、「基準」に大きなギャップ
- たとえ目標達成できなくても全員が高く評価されるため、高業績者ほど不満に感じやすい
- マネジャーがメンバーに遠慮している、またはリーダーシップを発揮できていない可能性

活性化されていない軸が必ずしも改善の糸口ではない。メンバーが活性化してほしいと期待している軸に優先的に働きかけていくことが効果的な活性化につながる

出所：コーン・フェリー・ジャパン

ここで重要なことは、**メンバーが組織風土のどの軸が良くなることを強く期待しているのか、どういう形で働きかけられると自分たちの力の最大出力化につながるとメンバーが感じているかを把握すること**です。

　マネジャーがメンバーの持つ期待を認識して、そこに向けて、適切なリーダーシップを発揮していくことが組織風土を良くするうえで重要になります。

　なお、組織風土と成果についてコーン・フェリーで行った調査結果から見えてきたことがあります。それは、メンバーから組織風土が良いと思われているリーダーは業績が高く、その逆で組織風土が良くないと思われているリーダーは業績が低くなっていることです。

　また、組織風土の高い上位の4分の1と比べ、組織風土の低い下位の4分の1における2年以内のメンバーの離職意向は約5倍と大変高くなっています。このときの調査では、「風土が良いと業績も良い」という結果が繰り返され、コロナ禍においても組織風土が良いと付加価値が生み出されることがわかっています。

　これはビジネスラインにあたる戦略やプロセスを変えなくても、業績を高めることができるということです。

　よって、マネジャーとしてはピープルラインに取り組むことで、付加価値を高められるということにまずは確信を持つことが大切です。

メンバーが組織風土のどの軸に期待しているか、どう働きかけられると最大出力化につながると感じているかを把握する

042

インクルーシブなリーダーシップ

メンバーの個性を活かし支援し、チームへの貢献意識を高める

　チーム力を最大出力化する組織風土を創るには、マネジャーはインクルーシブなリーダーシップへの意識を強くします。

　インクルーシブ（inclusive）の元々の意味は先述したように「すべてを含んだ」とか「包括的な」ですが、人事マネジメントでは「人それぞれが持つ多様な考え方や行動習慣を受け入れて認め合うこと」という意味合いです。

　つまりインクルーシブなリーダーシップとは、メンバーの個性を活かすこと、メンバーの取り組みを支援すること、それによってチームへの貢献意識を高めることです。

　バブル期以降に登場して広まったビジョナリーなリーダーシップは骨太のビジョンを構想し、ビジョンの力で集団を牽引するため、集団を構成するメンバーそれぞれの個性に配慮する意識は薄かったといえます。

　それがダイバーシティが進むなかでは、ビジョナリーなスタイルは重要でありながらも、多様なメンバーの個性を活かすインクルーシブなリーダーシップへの注力がマネジメントにおいて極めて重要になりました。

インクルーシブなリーダーシップではメンバー1人ひとりの「個性を把握して活かす」ことがカギになりますが、例えば能力も自信も高いメンバーであれば裁量を与えて任せることがチームへの帰属意識を高めることになります。

　逆に、能力も自信も低いメンバーであれば、具体的な指示と進捗のサポートこそがチームへの帰属意識につながります。

　こうしたことから、**マネジャーがインクルーシブなリーダーシップを発揮するには、メンバーの組織風土への期待や不満に応じて、様々なリーダーシップスタイルを使いこなせるようになること**です。

　別の言い方をすれば、メンバーを通じて成果を生み出すための勝ちパターンをいくつも持つことです。例えるなら、ゴルフクラブです。ゴルフでは、ドライバー、アイアン、パターなどコースの状況やピンまでの距離に応じてクラブを使い分けます。

　マネジャーも、あたかもゴルフクラブごとの特性を活かすように、組織とメンバーが置かれた状況やゴールに応じてリーダーシップスタイルを使い分けます。

　それでは、どのようなリーダーシップの使い分け方があるのでしょうか。次に、そのことを詳しく紹介します。

Key Point
メンバーの個性を活かして仕事への取り組みを支援することでチームへの貢献意識を高める

043

自分らしいリーダーシップスタイル

チームの特性とマネジャーの特性が合えば、チーム運営はうまくいく

メンバーの成長に大きな責任を持つマネジャーは、メンバーにとって充実感が得られる働き方に必要な能力開発を支援することが自分に課せられた役割だと肝に銘じることです。

そのうえで、メンバーの役割を考え、その役割をもとに組織を運営していくマネジメント力を磨きます。それには、自分にどんなマネジメント力があるかを知り、自分らしさと組織の特性を適合させて組織運営することが大事だと認識することです。

ところで、マネジメントのスタイルは人それぞれの思考習慣や性格などで違いがあります。筆者が所属するコーン・フェリーではマネジメント力を考えるうえで、リーダーシップスタイルを次の6つに類型化しています。

①指示命令型

メンバーにいつまでに何をやるかを細かく指示し、進捗をつぶさにチェックする。上司からメンバーへの指導というよりも「何をすべきか」という具体的な指示や命令によってメンバーを従わせようとする。メンバーが未熟な場合や短期的に成果を出すことが必要な場合に適している。

②ビジョン型

メンバーに「長期的な方向性、目指すべきビジョン」を示す。「なぜ、その仕事が必要なのか」、背景・理由・問題意識を上司とメンバーの双方向の対話を通じて腹落ちさせることが必要な場合に適している。

③関係重視型

組織のメンバー同士の「調和」を求め、対立を回避しようとする。メンバーと友好的な関係を築くことを最重要視し、そのことに多くの時間を割く。本人や家族の状況を気にかけ、情緒的な人間関係により信頼と調和を生み出す。メンバー間の連携が重要な場合に適している。コロナ禍によりメンバーとの関係の良し悪しが成果を左右することがわかり、改めてその重要性が高まっている。

④民主型

メンバーの「積極的参画」を求める。メンバーの合意を得ることで自主的な参画意欲を引き出す。メンバーからアイデアや意見を吸い上げ、衆知を結集させて意思決定していく。未知のテーマや複雑な課題への対応が多いチームに適している。

⑤率先型

リーダー自身が率先垂範して業務を行い、メンバーにも高い水準で役割の遂行を求める。少数精鋭で成果を追求したり、変化が激しい中で未知のテーマを追求したりする場合に適している。

⑥育成型

メンバーの「長期的、計画的育成」に取り組む。メンバーの成長を優先し、相手に合わせて指導やフィードバックを行う。各自の目指す姿に照らしながら、強み・弱みを「教える」のではなく「気づく」ようメンバーを導く。メンバーの成長意欲が高かったり、組織能力の底上げが必要だったりする場合に適している。

これらはどのスタイルが良い悪いということではなく、マネジャーはこれらのスタイルを状況に応じて使いこなせることが組織風土を良くすることになります。

例えば、自律性が弱いチームではマネジャーが具体的に指示を出す「指示命令型」が適し、メンバーの習熟度が低ければ熟練者が手本を示す「率先型」が適しているでしょう。

組織の規模が大きくなったり、新しい取り組みに挑戦する場合は、チームメンバーの力を結集する「ビジョン型」「関係重視型」「民主型」「育成型」などが適しています。

また、グローバル化、環境危機、人口動態の変化、デジタル社会などにより、不確実性がますます高まる今後、従来型のマネジャーに求められていた確実・堅実に事業を推進することよりも、不確実な将来・事業環境を所与とし、多様な意見に耳を傾けたうえで、組織として目指すべき姿を描き、それをビジョンとして語り、人を巻き込んで共創していく「ビジョン型」が求められてきていることは確かです。

しかしながらコーン・フェリーが行った管理職のグローバル実

態調査（対象：日本、中国、フランス、ドイツ、インド、ブラジル、イギリス、米国、イタリア、カナダ等の国々）では、日本の場合、ビジョン型、関係重視型、民主型、育成型のリーダーシップスタイルの管理職の割合はいずれも15%前後でした。海外では35%前後ですので、相当の違いがあります。指示命令型については日本が36%、海外が35%とほぼ同じです。日本が特に高いのは率先型で44%ですが、海外では32%です。日本の管理職にはプレイングマネジャーが多い傾向がここから読み取れます。なお、民主型は2013年の調査では日本は海外を大きく上回っていましたが、上述のとおり、近年は日本と海外は逆転の様相を呈しています。

　自律的な組織づくりを目標にするなら、メンバーがチームの目標を共有して各自のパフォーマンスを最大発揮する「ビジョン型」が好ましいといえます。

　しかしながら、それにはマネジャーの寛容さなど人間性にも関わってきますので、一足飛びには自律的な組織とはいかないかもしれません。

　まずは「指示命令型」「率先型」というスタイルであっても、徐々に「民主型」でチームをまとめ、メンバーの能力開発を支援していく「関係重視型」「育成型」の意識を強くし、「ビジョン型」のスタイルに変革していくという、マネジャーの成長のあり方もあるでしょう。

Key Point

自律的な組織という観点からはメンバーがチームの目標を共有してパフォーマンスを最大発揮する「ビジョン型」が好ましい

リーダーシップスタイルの使い分け

「民主型」のリーダーは、 メンバーの参画意欲を引き出す

　リーダーシップスタイルの使い分けという観点では、メンバーがマネジャーのリーダーシップをどのように見ているかを知ることが大事です。

　例えば、マネジャーとして「こうしてはどうか?」という業務上の提案を異なるメンバーにしたと想像してください。

　マネジャー本人はメンバーから意見を引き出す「民主型」だと自覚していたとしても、メンバーの中には「このマネジャーは親身に自分の成長に関心を示してくれる」と認識して「育成型」と思っているかもしれません。

　その一方で別のメンバーは、「このマネジャーは細かく干渉してくる」と感じて「指示命令型」だと思うかもしれません。

　他者から自分のリーダーシップスタイルがどう見られているかを知るには、対話を通じて直接確認することです。

　このとき、マネジャー本人とメンバーの見方に大きなズレがあれば、マネジャーの姿勢が正しくメンバーに伝わっていないことになります。

　ズレがあるということは、ふだんのコミュニケーションに何らかの問題があると考えるべきでしょう。

また、6つのリーダーシップスタイルの活用には一定の特徴が見られます。スタイル数が1つの人は「指示命令型」か「率先型」に偏っていて、プレイングマネジャーや高業績プレイヤーだった人に多く現れます。

　一方で上級管理者に多い「ビジョン型」の人は4つ以上のスタイルを使いこなしています。

　ですので、マネジャーになりたての人が、いきなり「ビジョン型」を使いこなすのは難しいかもしれません。その場合は、徐々にスタイルを増やし、「ビジョン型」を身につけていくというプロセスがよいでしょう。

　スタイル数が2つの人では「民主型」が多くなっています。

　民主型はメンバーの話をよく聴き、その意見を結集させて意思決定することで未知のテーマや複雑な課題への対応を行うことに特徴があります。

　多様性の活用が生産性向上やイノベーション創出につながる現在のビジネス環境では、マネジャーとしてなるべく早く「民主型」を身につけられるかどうかが付加価値を生み出せるマネジャーになれるかどうかの分かれ道となります。

　それではどうすれば「民主型」リーダーシップが身につくのかということですが、ポイントは2つです。

　1つは、投げかけ。

　民主型の低いリーダーは「はい」や「いいえ」で答えるクローズド質問になっていることが多い傾向にあるので、もっと自由に答えられるオープン質問をすることです。

●民主型の開発ヒント

	民主型リーダーの言動例	民主型ではないリーダーの言動例
観察 情報を収集する	**新たなデータを求める** "〇〇社の状況について、新たな動きやこれまでとの変化など、いま気になっていることを教えてもらえますか?"	**既存のデータを活用する** "〇〇社の状況について営業管理部門からの最新のレポートが出てきたので共有します"
適応 状況を解釈する	**一緒に解釈する** "ここ最近の〇〇社の状況を踏まえると、どのような提案をしていくのが良いと思いますか?"	**方針を示す** "レポートから読み取れる状況を踏まえると〇〇社には▲▲領域に関する提案をしていくのが引き続き得策と思われますが、どうでしょうか?"
意思決定 方針・方策を策定する	**意思決定を任せる** "▲▲領域に関する提案について、これまでのみなさんの議論を踏まえると、最終的にはどうなるんだろう?"	**意見の確認をする** "▲▲領域に関する提案について、これまでのみなさんの議論だとA案とB案のうち、A案が良いとのことでしたのでA案でいきたいと思いますがちがう意見ありますか?"
行動 決定を行動に移す	**責任権限を委譲する** "▲▲領域の経験豊富な◆◆さん、どんな進め方やタイミングが良いですかね?他のみなさんもイメージあれば教えてください"	**指示を出す** "まずは◆◆さんのほうで再来週までに提案書のドラフトを作成してください。それぐらいの期間で大丈夫ですよね?"

民主型が高いリーダーは早い段階からメンバーの参画を促している。
民主型の低いリーダーは、行動段階でのみ巻き込んでいる場合やクローズド質問になっていることが多い

もう1つは、聞くタイミングです。

「民主型」の要素が少ないリーダーは、行動段階になってメンバーを巻き込んでいます。

しかし「民主型」の要素を多く持つリーダーは、早い段階からメンバーの参画を促しています。行動段階より早く、目標を決める段階で巻き込んだり、その前の状況確認や情報収集の段階から一緒に行ったりしています。

また、**メンバーにマネジャーが「民主型」と思わせるような働きかけを行うことも大事**です。例えば、メンバーが意見を言いやすいように、その人が得意なことを聞くようにするなどです。その人が一番得意とすることを繰り返し聞くことで「民主型」と思ってもらえます。

以上述べてきたように「民主型」を中心に、

- できるだけ多くのスタイルがメンバー起点で発揮されていると認識されているか?
- それぞれのスタイルの自分とメンバーのギャップはどうか?

こうした観点からメンバーの見方を確認してリーダーシップスタイルのあり方を考えてみてはどうでしょうか。

Key Point
メンバーがマネジャーのリーダーシップをどのように見ているかを知ることに関心を持つ

045

これからのマネジャーのリーダーシップスキル

ダイバーシティとインクルージョンを高い創造性に活かす

　ここから、これからのマネジャーとして強化したいリーダーシップスキルを見ていきましょう。

　マネジャーの最大の役割の1つが、メンバーの能力を最大出力化することです。それに必要なのが、ダイバーシティ（多様性）**とインクルージョン**（受容・包括性）**です。**

　海外の調査研究から多様性が高いチームは生産性も創造性も高いことがわかっていますが、一方で多様性の初期段階にあるチームは生産性も創造性も低いことがわかっています。

　また、この調査研究では、組織が多様性の向上に取り組んだ当初は混乱が生じ、生産性は多様性の低いチームを下回るものの、その後は多様性の高いチームのほうが顕著な成果を出すようになることも報告されています。

　その背景にあるのが、インクルーシブなリーダーが多様性をチーム内でうまくマネジメントすることで高い創造性が発揮できるようになることです。言い換えれば、「**ダイバーシティ**」と「**インクルージョン**」を掛け合わせることで「**創造性**」の高い成果につながるということです。

　コーン・フェリーの調査でもインクルーシブなリーダーシップ

を効果的に発揮しているマネジャーは、以下に示す5つの特徴が見られ、特に「信頼」を軸としたピープルラインへの働きかけに長けていることが明らかになっています。

いずれもマネジメント上の重要な要素ですが、特に最初の3点について、次項で補足していきます。

1) **対人関係の信頼構築**
   自分とは異なる視点を大切にすると同時に、共通の話題を見つけることで信頼関係を築く。
2) **多様な視点の統合**
   他者のあらゆる視点やニーズを考慮し、対立する状況を巧みに切り抜ける。
3) **適応性のあるマインドセット**
   広い視野を持ち、状況に応じてアプローチを変え、違いを利用してイノベーションを起こす。
4) **人材の活用**
   やる気を引き出し、成長をサポートする。また、個々の違いを超えて組織の成功のために力を合わせる。
5) **変革の実現**
   難しいテーマにも積極的に取り組み、様々なバックグラウンドを持つ人々を巻き込んで結果を出す。

Key Point
「ダイバーシティ」と「インクルージョン」を掛け合わせることで「創造性」の高い成果につながる

046

インクルーシブなリーダーに大切なこと

多様性を尊重できなければ
信頼は得られない

インクルーシブなリーダーは「信頼関係を築く」ための特性を持ちますが、その土台となるコンピテンシーが「多様性の尊重」です。

優秀なプレイヤーから抜擢されたマネジャーは登用直後、自身の過去の成果、能力、知識、社内外のネットワークなどに自負を持ちがちです。メンバーの期待も当初はそうした実務的な能力に向かいがちです。

実はこれらが多様性への障害になるのです。

多様性を考えないリーダーには主に3つの特徴があります。

①メンバーの様子を見るときに、画一的な見方をする
②組織内の関係を自分とメンバー間の関係のみで考える
③目標達成のためにメンバーを自分の思うようにまとめる

これらは早く結果を出すことに焦り、組織風土のことを考えないリーダーに見られがちです。

これを逆に見てみると、多様性に関心の高いリーダーには次の3つの特徴が見られます。

①メンバーの個性を1人ひとり理解している

②自分とメンバー、そしてメンバー同士の関係性に配慮する

③メンバーの力を最大出力化するために全体最適で考える

　こうしたリーダーほど、付加価値を生み出すためには組織風土が重要であることを心から理解しているものです。

　そして、チームマネジメントを通じて付加価値を生み出し、組織に貢献していきます。その発展には、次ページの図表に示す4つのステージがあると筆者は考えています。

　第1ステージは、上長や関係者の支援を受けながら「率先型」リーダーシップスタイルで成果を創出するあり方です。

　第2ステージは、リーダーとは何をする人かを理解し、自律的なマネジメントを行えるようになり、自分のやり方で周囲と協調しながら成果を出そうとするあり方です。

　第3ステージは、他者への影響力による貢献の仕方です。「民主型」や「育成型」により他者の能力を最大出力しながら成長も考慮します。

　第4ステージは、方針や戦略を示す「ビジョン型」を発揮することで組織をマネジメントし、付加価値を生み出すことに貢献するあり方です。

　こうしたアプローチを経て多様性が受容できるリーダーに成長していきますが、結局大事なのは「自分を知る」ことです。多様性を受容できる人は、自分をよく知っている人です。

●リーダーの4つの貢献ステージ

STAGE 4 ビジョンを 示すことで 貢献	・組織の方向性を示す ・重要なビジネスチャンスやビジネスニーズを推進／定義する ・責任を持って権限を行使する ・不可欠なリソースを確保する ・有望な社員がリーダーシップの役割を果たす準備を整えられるよう後押しする
STAGE 3 他者を リードする ことで貢献	・技術的な専門知識や能力の幅を広げる ・ビジネスに対する大局的見地を持つ ・アイデアと知識によって他者を刺激する ・他者の能力開発において、マネジャー、メンター、あるいはリーダーとして関わる ・組織を代表して顧客や外部のグループに効果的に対応する ・内部と外部で強力なネットワークを構築する
STAGE 2 担当業務を 自律的に 進めることで 貢献	・定型的な取り組みにおいて責任を負う ・上位職からの指示にあまり頼らずに、自主的に働いて、大きな成果を出す ・技術的な専門知識や能力を高める ・信頼と評判を築く ・社内の強固な人脈を築く
STAGE 1 指示や支援を 得ながら貢献	・上位職からの指示を進んで受け入れる ・プロジェクトまたは業務の一部で成功を収める ・基本的なルーティンワークを身につける ・方向性を示されたうえで創造性やイニシアチブを発揮する ・時間や予算のプレッシャーの中で高いパフォーマンスを発揮する ・他者と何かを成し遂げる方法を知っている

（左側縦軸）貢献の大きさ

チームを通じて付加価値を生み出すうえでは、"他者をリードすることで貢献"することが求められている／追求しているとの役割認識が大前提

また、**インクルーシブなリーダーシップには何よりも信頼が大事**です。現在のように多様化が進んだビジネス環境では、信頼できる上司がメンバーからの重要な期待となっています。

「何をもって信頼とするか？」
「メンバーからそれをどのように得るか？」

　それだけでもマネジャーとしての価値観や哲学など様々な要素が問われることになります。
　しかし、そうしたマネジャーとしてのあり方とも言える根本的な設問に関心を向けることが、多様性を活かすインクルーシブなリーダーシップの出発点といえます。

　少々余談になりますが、近頃は仕事と私生活を切り離し、上司と部下の間でプライベートな情報交換は意図的に控えるという風潮があります。運動会や社員旅行も日本企業ではほとんど行われなくなりました。若い人は夜の飲み会も好まないと言われます。マネジャーがメンバーの個人的なことに立ち入ろうとすれば、パワハラを指摘されかねません。
　メンバーもマネジャーも仮面をかぶり、メタバースの仮想空間の中でロボットのように関わり合う。そこからは人間的な信頼関係は決して生まれないと思います。

Key Point
多様性を受容できる人は、自分をよく知っている人。自分を知る努力をしないで他者を知ることはできない

経営の正解はすべて社員が知っている

山室晋也著　ポプラ社

　著者はみずほ銀行勤務時代、業績不振の支店を立て直す再生請負人と言われた名物支店長でした。その後、ロッテ球団社長に転進し、不人気球団と言われたロッテで「球団創設以来最多観客数」「創業以来初の単体黒字」を実現します。その再生手法の根幹にあったのが、やる気がなくパフォーマンスが低い組織の立て直しのために徹底した、社員のアイデアや意欲を解放することでした。

　全メンバーに均等に発言機会を設け、全メンバーの話を均等に聞き、誰もが公平なチームであることで本音の話ができる職場に作り変えた様子はインクルーシブリーダーの見本ともいうべき行動力です。

野村ノート

野村克也著　小学館

　選手時代は二度の三冠王など様々なタイトルを奪取し、南海での選手兼任監督を皮切りにヤクルト、阪神、楽天を指揮した名将として今も語り継がれる野村克也氏。野球人にとどまらず、経済人、政治家など多くの人にそのリーダーシップは影響を与えました。

　本書は、野村氏がおよそ50年にわたる球界生活で得た原理原則を書き記したノートをもとに、野球理論にとどまらず、ビジネスの現場に応用できる「組織論」「管理者のための指導論」「戦力分析の視点」「人づくりの要諦」「学びの重要性」そして「人間学」にもその教えが著者自身の言葉で述べられています。

第 4 章

メンバーの成長支援と
自主的目標管理

話し合い、耳を傾け、承認し、

任せてやらねば、

人は育たず。

山本 五十六

筆者が管理職研修の講師として受講者の方々にメンバーの人材育成にどのように取り組んでいるかを尋ねると、「OJT」との回答が7割ほどあり、その次に「自分の背中を見せる」が2割ほどです。ちなみに「OJT」の内容を伺ってみると、実務を中心にしたサポートを行っていることが多いとの回答です。

　実務をサポートすることは技能やスキルの向上になりますが、自らの意志による問題解決、改善・改良、イノベーションにつながる創意工夫の力量はなかなか身につきません。

　もう1つの「自分の背中を見せる」はどうでしょうか？
　プレーヤーとして実績を上げてマネジャーに登用された人は「やって見せる」ことが一番やりやすいのかもしれません。これは第3章で解説した「率先型」のリーダーシップスタイルです。

　しかし、「率先型」はメンバーの個性を引き出す前提で行わないと、マネジャーのやり方を真似しがちになり、自発的な創意工夫のスキル開発という点では注意が必要です。

　スポーツの世界では優秀なプレイヤーが優秀な監督やコーチになるとは限らないと言われますが、これはその人独自の経験がどのプレイヤーにも通用するものではないからです。

　メンバーの成長支援は自分の経験をメンバーに当てはめるのではなく、メンバーの個性を鑑みながら潜在能力の気づきの支援に徹することです。

　この章では、この考えを根底に置きながら、目標管理を通じたメンバーの成長支援について話を進めていきます。

047

部下育成に対するマインドセットの変換

部下は管理するのではなく、支援する

　日頃クライアント企業の経営者や管理者と話をしていると日本企業の管理者は「人を管理する」マインドセットが強いことを感じます。

　ジョブ型のような働き方が今後日本に広がっていくと、働き手は自らの役割に従い成果を上げていくようになります。トップダウン経営が後退し、ボトムアップ経営が前進したことで社員は自分自身を管理することになり、メンバーのタスクを管理することだけが目的の管理者はその存在意義がなくなります。

　つまり、**働き方の変化に合わせて、これからのマネジャーはメンバーに指示する管理者というマインドセットを捨てなければなりません。**

　マネジャーとはメンバーに指示・命令を下す権限者だと理解している人にありがちなのが、組織内の論理や都合を優先させて、顧客起点の意識が弱いことです。端的に言えば、顧客よりも社内の上下関係を優先させるということです。

　これからの経営のカギとなる顧客起点では、組織内論理でメンバーを管理するのではなく、メンバー1人ひとりのスキル向上を支援して、チームのパフォーマンスの総力を組織力に変容させることです。

メンバー1人ひとりの想いを尊重し、全員の矢印が同じ方向に向くようにナビゲートしていく、いわばファシリテーターの役割に近いかもしれません。

　通常のビジネスのオペレーションに加え、ハラスメントやコンプライアンス問題への対応、職場のダイバーシティなど働き方の多様化により、今後マネジャーの仕事の幅はどんどん広がっていきます。

　そして、チームの目標達成と持続的成長のためにメンバー1人ひとりの能力開発に関係するスキルも必要です。

　権限を行使する管理者ではなく、ボトムアップで事業を推進するプロデューサーとしての役割も求められます。

　これらの役割をすべてマネジャー1人で引き受け、やりきることは困難です。

　本当に難しい問題、難局を切り抜けるためには自ら先頭に立つことは必要ですが、メンバーができる仕事に手を突っ込むマイクロマネジメント的なやり方では効果的な仕事はできません。

　「人を管理する」というマインドセットを捨てて、メンバーに役割に応じて裁量を委譲し、メンバーが自分のその役割を果たせるようにファシリテーションを行うというマインドが必要です。

Key Point

メンバーに指示する管理者というマインドセットを捨て、チームメンバーの総力を組織力に変容させる

048

部下からパートナーへのマインドセット

メンバーから学ぶ姿勢が
マネジャーのスキル開発になる

　これまでの日本企業では上司と部下の関係は、身分の上下関係として捉えられがちでした。管理職ならば部下よりも経験や実績があり、指導や育成という上からの目線でメンバーを見がちになるのは、それが根底にあるのでしょう。

　しかし、**メンバーの多様性を尊重する働き方では、マネジャーはチームのまとめ役としての役割がより強く求められます。**

　マネジャーより職歴が浅くても、デジタルなどの専門知識に勝るメンバーが現場で活躍できる社会になっていくこれからはなおさらです。

　社歴よりも実務での実績、最前線で顧客と接している強み、組織の論理ではなく社会通念からの物の見方、物怖じせずに新しいことに挑戦する行動力などが、これからのメンバーの有用な能力であり、マネジャーがチームマネジメントのために学びを得る対象であるといえます。

　メンバーのこうした能力を見出し、自分が知らないことや未経験のことをメンバーから学ぶ姿勢がマネジャーのスキル開発には必要です。

　「上司が部下から学ぶのはどうか？」という意識はマネジャー

本人の成長を自ら放棄することになります。

　上司は上位者というマインドセットを捨て、誰からも学ぶ姿勢を持てるかどうかが、これからの時代に適応できるかどうかの分かれ道になります。

　そして、**メンバーから学ぶと同時に、メンバーと学ぶという学び合いの姿勢もより大事**になってきます。

　デジタル技術、特にAIの分野を牽引するのは1990年代中盤から2010年代序盤までに生まれたZ世代であるという事実があります。

　現在の日本でも新興のベンチャー企業では20代の経営者や幹部社員が多く活躍しています。そうした人たちと接していて感じることですが、大企業の経営者や幹部社員と同等のビジネスマインドがあります。

　まさに地位と役割は人をつくるということです。

　しかも大企業の上層部よりも常日頃、顧客や現場に携わることが多いぶん、顧客起点・社員起点の意識の強さを感じます。

　これからのマネジャーにはメンバーのタスク管理も大切ですが、1人ひとりのメンバーの能力や人間性が自分とは違うという意識を持ち、それぞれの個性を活かした、ヒューマンマネジメントを行うことの優先順位が高くなっていくはずです。

Key Point

上司は上位者というマインドセットを捨て、誰からも学ぶ姿勢を持てることがこれからの時代に適応できる管理者の条件

049

メンバーからのフィードバックの活かし方

正直な気持ちを語ることが
親近感と信頼感を強める

　メンバーからのフィードバックは、マネジャーとしてのパフォーマンスを改善するために行います。自分には何ができていて、何が不足しているのかは外部の目で見ないとわからないことがたくさんあります。**自分の言動を謙虚に知り、チームのために改善していく意識がマネジャーとしての成長には大切**です。

　それには、「フィードバックは自分を改善するためなのだ」と自覚し、メンバーに自己開示する姿勢で臨むようにします。

　ときには、弱みを見せることも必要でしょう。メンバーに弱みな部分を見せ、正直な気持ちを隠さずに伝えることをフィードバックの場では意識します。上司が正直な気持ちを語ってくれることで部下は親近感と信頼感を強めることは心理学の本でも紹介されています。

　つまり、**マネジャーがメンバーに自己開示することは、人間味を感じてもらう最も自然な方法**なのです。

　私にはひとり印象に残る方がいます。その方はずば抜けた実績をもとに早期にマネジャーに抜擢され、将来が嘱望されました。しかし、マネジャーになってほどなく、彼は鬼軍曹のような言動をするようになったのです。

部下は沈黙し、疲弊し、恐怖心に駆られながら仕事をする状況です。それでも部下が10名ほどのときは、チームの業績の7割を自らあげるほど孤軍奮闘しました。その実績でさらに昇進して部下が100名規模になると、さすがに個人力だけではチームの目標達成は果たせなくなりました。

　その現実を直視し、改心をします。その結果、良きリーダーとしての言動に留意できるようになったのです。

　その後、彼は社内の管理職研修の講師も務めることになりますが、その研修は「皆さん、私のような嫌われる管理者になりたくなかったらこのあとの話をしっかり聞いてください」と冒頭で述べる、自分を反面教師にした内容でした。

　自分の弱みを包み隠さず開示することは人を惹きつけ、共感を呼びます。優秀な実績のある人にとって過去の栄光でつくられた仮面を外し、本当の自分の素顔を見せることには勇気が必要ですが、その勇気が信頼の扉を開くことになるのです。

　そして、メンバーからのフィードバックは素直な気持ちで対話するように努めます。フィードバックだからといってメンバーからの話を一方的に受容するのではなく、なぜそう思っているのかを確認しながら対話することで、メンバーの本音もわかります。

　フィードバックはマネジャー自身の自己改善と同時に、メンバーとゆっくり対話できる好機でもあります。

Key Point

自分の言動を謙虚に知り、チームのために改善していく意識がマネジャーとしての成長には大切である

050

目的と目標の定義

作業の目的を伝えれば、やり方はメンバーが考える

　メンバーそしてチームが自律的に成果を出すには自主的な目標管理が極めて重要です。目標管理による成果創出のその先にあるイノベーションはプロジェクトとしての取り組みから生まれることが多いものです。プロジェクトは目標ではなく、目的をメンバー全員が共有することがスタートになります。

　「目的」とは最終的に到達したいゴールのことであり、「目標」は目的に至るためにクリアする指標のことです。

　例えば「新製品開発」を目的（ゴール）と決めたら、「月に5本以上の企画提案する」「第一四半期までにユーザー調査を完了する」といった目標（指標）を設定し、それらの目標をクリアしていくことでゴールを目指します。**チームが同じ方向に向いてメンバー各人のパフォーマンスを最大限に発揮していくには、この目的をはっきりさせることがマネジャーの役割**です。

　継続的改善手法のPDCAを生むきっかけをつくった米国の統計学者で日本に品質管理の考え方を伝えたW・エドワーズ・デミング博士は経営哲学を14の実践ポイントとして提唱しました。その第1条は「仕事の目的(purpose)を定義せよ」です。

　これは、作業のやり方を指示するのではなく、目的を伝え、や

り方は現場のメンバーが考えることを促す標語です。

　「目的」がしっかりと定まっていれば、そこに向けてメンバーは自律的に活動を始め、お互いを補完し合いながらゴールを目指すようになります。

　以下に示すデミング14の実践ポイントは1982年刊行の博士の著者"Out of Crisis"（邦訳『危機からの脱出』成沢俊子/漆嶋稔訳、日経BP）に記されたものであり、現在のパーパス経営やエンゲージメント経営の原型ともなる経営の要諦がすでに示されていました。

---

1. 仕事の目的（purpose）を定義せよ
2. リーダーシップとパーパスの思想を大事にせよ
3. 品質の検査でなく、検査の必要がない品質を作り込め
4. 表面的な価格でなく、良い品質と悪い品質のトータルコストを考えよ
5. 製品とサービスの改善を継続せよ
6. 部下の指導は仕事の一部であると考えよ
7. すべての社員がリーダーシップを発揮せよ
8. 恐怖心を取りのぞけ。すべての社員が良い仕事をするように支援せよ
9. 部署間の壁を壊せ
10. スローガンや激励、ノルマは無益
11. 数値による上からの目標管理はやめよ。リーダーシップで人を動かせ
12. 無駄な仕事をするな。工場の現場でもオフィスでも
13. 確固とした教育と自己啓発のプログラムを導入せよ
14. 働く社員全員が改革に貢献するように導け

出典：Out of The Crisis ,1982, 筆者訳

Key Point

「目的」とは最終的に到達したいゴールのことであり、「目標」は目的に至るためにクリアする指標のこと

051

目標管理の2つの類型

課題達成型目標管理と自主的目標管理

　組織の目標と個人の目標を整合させる目標管理には、2つの類型があります。

　1つは、**経営陣が定めた目標をトップダウンで現場に降ろしていく「課題達成型目標管理」**です。

　これは、経営陣の意向を受けた経営スタッフが数値目標をつくり、その目標を現場に下ろして全社的に目標達成を推進していくものです。表彰制度などの活用や現場の長の業績評価指標への反映などによって目標達成を促すことが特徴的です。

　1970〜80年代の米国で普及し、日本企業も2000年代以降に導入が進みました。

　20世紀末、経営者が主導する単年度ごとに業績を追求する経営が主流になり、このようなトップダウン型の目標管理が普及しました。

　ただ米国では、業績を短期で追う戦略経営を採用した伝統的大企業の多くが低迷、崩壊、消滅の憂き目を見ることになりました。

　もう1つは米ヒューレット・パッカード社による「**自主的目標管理**（MBO；Management By Objective and Self-control）」です。

　第一線の社員が機会を見出し、その実現のための目標を設定し、**目標の達成を自主的にコントロールする仕組み**です。

MBOの主目的は、ボトムアップからのイノベーションの実現です。米国ではその後、インテルなどの先進企業が採用し、グーグルやアマゾンなどのGAFAMや新興ハイテク企業に広がり、今日ではOKR（Objective and Key Results）に発展しています。

　OKRとは直訳すると「達成目標と主要な結果」となります。これは、将来的な成長を意図した挑戦的な会社の達成目標とその目標をリンクさせた個人の挑戦的な目標を設定し、四半期ごとに進捗状況を上司と部下がすり合わせながら、会社と個人が一緒に成長を図る目標管理のフレームワークです。

　組織と個人の成長のための取り組みであるためプロセスが重視され、「主要な結果」については達成できれば良しではなく、目的の実現のためにどのような意義があるのか、なぜ達成できたのか、できなかったのか、そこから何を学ぶのかが評価対象となります。

**　目標管理は本来、トップダウンとボトムアップがうまく機能し合うことが理想です。**

**　トップダウンで「やるべきこと」を示し、ボトムアップで「やりたいこと」を意思表示することがうまく噛み合えば、組織全体の成果を引き出す仕組が構築できます。**

　次項から自主的目標管理（MBO）について、詳しく解説していきます。

Key Point
目標管理は本来、トップダウンとボトムアップがうまく機能し合うことが理想

052

成長支援のための自主的目標管理

自律的成長のツールが
自主的目標管理

　自主的目標管理では、チーム目標の実現のために、メンバーはそれぞれの役割を実行していきます。自主的目標管理によって方向がはっきりとしていれば、自らの発想で業務を遂行していけます。このとき、4つの成長支援に注力します。

1．個人目標の達成（メンバーの短期目標）

　メンバーに「やるべきこと」と「やりたいこと」の観点から目標を設定してもらいます。このとき、自らの成長になる挑戦的な目標や価値創造になる役割と業務を上司（マネジャー）との対話を通じて設定していきます。あくまでもメンバーの自主性を尊重し、マネジャーは目標達成に向けて最大限の支援をします。

2．組織目標の達成（マネジャーの短期目標）

　個人目標の達成の総和がチーム目標の達成です。マネジャーはメンバーの成長支援に何よりも注力しなければなりません。

　ただ残念なことに、成長支援は業績管理よりも重要度を低く見るマネジャーがいます。しかし、自律性を尊重する働き方はメンバーそれぞれの役割がはっきりと決まっているので、個人目標の達成支援はマネジャーの「ど真ん中の業務」になります。

３．豊かな人生の実現（メンバーの中／長期目標）

　少子高齢化で労働人口が減少していくなか、AIなどのテクノロジーにより従来は人が行っていた業務がロボットに置き換わってきています。そうした社会に備えるかのように、1人ひとりのスキルを高めるためのリスキリングが注目されています。

　これからは、自分とその家族がどのように暮らしていくかを具体的に思い描き、その実現にはどんな働き方をしていけばよいかが問われるようになります。

　こうした考えのもとに、働く人1人ひとりが中長期視点で能力開発を行うことが重要になっていきます。

　その支援を行うことがマネジャーの役割です。

４．組織の持続的な成長（マネジャーの中／長期目標）

　マネジャー自身も自分の成長のための能力開発が重要ですが、メンバーの成長によってチームの成長が実現できている状態をつくり上げることがその達成目標になります。これにより、チーム力が強化され、次世代の人材育成につながります。

　チームマネジメントでは、そのチームの持続的成長を目指します。そのため、組織に貢献するチームづくりの土台となる人材育成を中長期の視点で計画します。

　新任者であっても、「組織の持続的な成長」への取り組みはマネジャーの役割であることを常に意識しておきます。

Key Point
メンバーとマネジャー自身の短期と中長期の挑戦的な目標を計画する

053

自主的目標管理の真の目的

自己実現を果たすために
自らをマネジメントする

「そもそも"目標"とは何でしょうか？」
「誰の、どのような"目標"でしょうか？」
「それを"管理"するとは何のためでしょうか？」

　筆者が担当する管理職研修ではこの問いに対して「評価と処遇のため」と回答する方が多くいらっしゃいます。

　その背景にあるのは、これまでの日本社会では社員（従業員）は会社の支配下にあり、会社に雇用されている社員は会社のためにその仕組みを回さないといけないという思い込みです。

　まずは、この思い込みを見直すことが本来の目標管理のあり方を考える土台になります。

　ビジネスの世界でよく見聞きするようになった**ウェルビーイング**（well-being）。

　これは、**従業員本人が心身ともに健康で働きやすい職場だと認識できている状態であるほど、創造性が発揮でき、成果を生み出しやすくなる**ということから、これからの経営のあり方として注目されています。

　ウェルビーイングが感じられる職場では従業員1人ひとりが経営を担う一員だと思えるようになるため、「会社 ＞ 社員（従業員）」

ではなく、「会社＝自分」（社員は会社とイコールパートナー）という方程式に変わります。これにより目標管理の意味合いは次のように一変します。

- 目標＝自分の人生で達成したい目標の中で、所属する会社や部署で実現できること
- 管理＝自身の力で人生の目的を実現するために自分自身を管理すること

これが本来的な「自主的目標管理」の考え方といえます。

自主的目標管理をチーム内で運用していくときに注意したいのが、目標管理におけるマネジメントのあり方です。特に、昨今導入が進むジョブ型と従来より実施されてきたタスク管理型の違いをよく認識しなければなりません。

ジョブ型は、部下のやる気を「やりたいことは何？」「仕事で何を達成したい？」「社会にどのようなことで貢献したい？」といった会話から引き出していきます。

そして「うまくいった理由は何か？」「うまくいかなかった理由は何か？」「どうすればうまくいくのか？」とプロセスの洗い出しにこだわり、現場目線で成果へとつなげていきます。

一方で、タスク管理型はタスク管理が中心となり、目標管理制度や人事評価制度を定例的なルーティンワークや課業（タスク）を管理するためのツールとして使われます。

タスク管理型の目標管理では目標管理シートの項目それぞれについて「できた」「できない」という評価となり、今後の成長という目的が疎かになりがちです。

また、プレイヤー時代に高い実績を上げていた人ほど、タスク管理型のマネジメントになりがちです。自分の成功経験をメンバーにも当てはめてマネジメントしてしまうからです。

　タスク管理型は残念ながらメンバーの成長という点で力不足は否めず、メンバーの個性や力量を尊重するうえではジョブ型による自主的目標管理が適しているといえるのです。

　さらに、ジョブ型の特徴として、自分の役割を自認することで協調型チームの基盤となる「エコシステム（相互依存の生態系）」を形成するようになります。

　これからの日本の職場は70歳や75歳定年説に見られるように就労年齢の延長は必至です。いずれ、祖父と孫が同じ職場で働くような、1つの職場に多種多様な価値観が蔓延する時代もやってきます。

　そうした職場では画一的なタスク管理の運用は困難であり、1人ひとりの働き方を考慮する「相利共生（異なる生物種が同じ場所で互いに利益を得る共生関係）」のジョブ型が好ましいといえます。

　なお、ジョブ型に適したマネジメントを行ううえで、コーン・フェリーでは管理者のための5つの心構えを推奨しています。

心構え1：成果の出し方を変える

　マネジャーは、これまでの成功体験をいったん横に置いて、相利共生を前提に人や組織を上手に活用する。自らが動いて成果を出すのではなく、人と組織を動かしてメンバーの総力で成果を出すように動機づけることに注力する。

心構え2：人間に対する理解を深める

共に仕事をする相手は、タスクをこなす人（作業員）ではなく、それぞれに個性を持つ人間だと認識する。人間は1人ひとり異なる。対話によって1人ひとりを理解するように努める。

心構え3：時間の使い方を変える

メンバーへの業務の依頼は作業の仕方や手順、書類のつくり方などの個別具体的なことではなく、創意工夫の余地がある抽象度が高いことに時間を使う。自分自身や担当組織のビジョンやミッションを定めて、どの方向にリードするかを考える。これができないとタスク主体のマイクロマネジメントに陥る。

心構え4：視座を高め、視野を拡大する

ビジョンやミッションに基づくマネジメントの遂行のために、視座を高めて組織およびチーム全体を俯瞰しつつ、個々のメンバーをよく知るように日々努める。これにより、相利共生の意識が醸成される。

心構え5：公人的覚悟を持つ

相利共生を実行するうえで、自らの成果や昇進・昇格など自利に進むことを厳に戒める。マネジャーは自分を「公人」と認識して、組織やチーム全体の利益創出に責任を持つ。

> **Key Point**
> 目標とは評価と処遇のためとの思い込みを見直すことが本来の目標管理のあり方を考える土台になる

メンバーとの目標のすり合わせ方

目標設定は上司と部下ではなく、イコールパートナーとして行う

　前項で自主的目標管理を行うには、ジョブ型とタスク管理型の違いを認識すると述べました。

　これをさらに詳しく見ていきましょう。

　まず、タスク管理型のマネジャーとジョブ型のマネジャーでは、制度運用のサイクルが大きく違います。

　端的に言えば、タスク管理型のサイクルは次のとおりです。

> 目標のトップダウン→目標設定→タスクの進捗管理→数値結果による機械的な評価

　具体的には、タスク管理型はノルマが上から降りてきて、目標は原則的に期初に立てたものを変えることはありません。四半期ごとの進捗管理は状況確認に終始し、できていない目標項目は後半で挽回するように指示され、固定された目標の達成にこだわります。最終的に、機械的な制度運用になりがちです。

　その結果、メンバーの成長よりもチームの目標達成を最優先する「自己利益中心型管理職」を生み出すこともあります。

それに対し、ジョブ型の運用サイクルは次のとおりです。

（職務記述書による）期待役割の伝達→目標の創出・仮説の設定→仮説の検証・軌道修正／軌道変更→役割に対する貢献度の評価・フィードバック

ジョブ型は、メンバーに期待されていることは何かを伝え、メンバーの「やりたいこと」や「やるべきこと」を対話を通じて引き出します。そして、期待役割に基づく心理的安全性を背景に、メンバーに高い目標や価値創造へのチャレンジを促します。

プロセスマネジメントでは当初立てた仮説を検証し、不具合が生じていれば1on1で軌道修正していきます。最後にチームの貢献度と自己成長の評価・フィードバックを行います。

ここでのマネジャーの役割は、メンバーに期待役割に基づく「やりたいこと」「やるべきこと」と、それに対する自発性を引き出し、目標の達成に向けた支援者に徹します。このときの目標管理のポイントは、次ページに示した「V字型」です。

会社から示されたトップダウン目標に対して、「工夫をほどこすことで、より高みを目指せないか？」とメンバーと対話し、ボトムアップからの目標を「現場発で価値創造・イノベーションを実現できないか？」と考えられることを具体的に検討していきます。第1章で説明したジョブクラフティング（20ページ）の実践です。

ボトムアップ目標の設定では、個人への問いかけ方が重要です。短期の視点と中長期の視点で、現在実現できていないことや実現したほうが良いことについて問いかけていきます。

●Ｖ字型目標管理のイメージ

- トップダウン目標についてはより高みを目指し、
  ボトムアップ目標については価値創造・イノベーションを目指す。

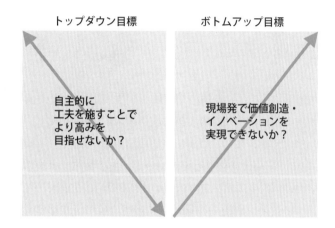

トップダウン目標 　　　　　　　ボトムアップ目標

自主的に
工夫を施すことで
より高みを
目指せないか？

現場発で価値創造・
イノベーションを
実現できないか？

> 個人で抱え込まないよう、
> チームでの推進も視野に入れる

事前準備では、マネジャーは自分の職務とそれに基づく目標を整理・
確認し、同時にメンバーの職務や期待役割、目標を検討する。メンバー
は自分の職務に基づいて仮の目標設定を行う。目標設定面談では『期
待役割伝達→目標設定のすり合わせ→合意形成』という手順で対話す
るが、「そもそもこの職務は何のためにあるのか？」「職務の対象とな
る顧客・社員・パートナー（協力先）は誰か？」「何を価値提供するのか？
」「この職務を成し遂げるためにメンバー（私）には何が足りていて、
何が足りていないのか？」「もっと工夫できないか？」「そもそも何の
ために働いているのか？」などの根源的な問いを掛け合うべく十分な
時間を取ることが望ましい。

出所：コーン・フェリー・ジャパン

実際に、メンバーのワークショップの事前課題でこうした問いかけを行うと、実に多くの意見やアイデアが出ます。職場でなかなか問いかけの機会がないだけで、それぞれのメンバーは多くの意見を持っているということです。そして、個人だけでなくチームでの推進も視野に実践していきます。

　目標設定の面談では、期初に期待役割を中心にＶ字型の目標やメンバーの成長・キャリアについて問いかけ、上下関係ではなくイコールパートナーとして対応することがポイントです。

　ここでのマネジャーの問いかけの例としては、

　「そもそもこの職務は何のためにあるのでしょうか？」

　「この職務は誰のためになるのでしょうか？」

　「この職務はその相手に何を提供するのでしょうか？」

　「この職務を成し遂げるために必要な要件を身につけていますか？」

　「何が足りていて、何が足りていないのでしょうか？」

　「足りていない場合、何を足していけばよいのでしょうか？」

　「そもそもあなたは何のために働いているのでしょうか？」

　などがあります。

　このように、期初にメンバー１人ひとりと１時間程度の対話を行うことで、その後無駄のないマネジメントができるようになります。

Key Point
メンバーに期待役割に基づく「やりたいこと」「やるべきこと」と、それに対する自発性を引き出す

055

目標設定で考慮すること

メンバーの目標達成が
マネジャー自身の評価

　自主的目標管理は、メンバーが自律的に自分の目標とチームや会社の目標とを整合させて成果を出すことで成長していこうと思えることが大事です。

　目標管理（MBO；Management By Objectives and Self-control）とはそもそもドラッカーが提唱したように、「自己管理（Self-control）」を前提としています。

　自分の役割を自らの創意工夫で達成することで、仕事をする喜びを感じられるようになることによってこそ、目標管理の意義が果たされます。

　その想いを目標設定の面談に参加するすべての人が共有していることが大切になるので、マネジャーの皆さんには「自己管理」の意味合いを面談の前にメンバーに伝えていただきたく思います。以下に目標設定のポイントを3点挙げます。

1）目標管理の対象の拡大
　売上やコストといった数値的な目標だけでなく、パーパスやミッションを意識し、社会・顧客・協力会社等を視野に入れた目標を設定する。

2） **トップダウンによる「やるべきこと」の創意工夫**

トップダウンによる目標は「やるべきこと」。この目標をメンバーが自主的に取り組むために、仕事の進め方に創意工夫の余地を大きく取る。自分のやり方で仕事を進められることは自己効力感（自分には目標を達成する能力があり、自分ならできるという自信）を引き出す。

3） **ボトムアップの「やりたいこと」での価値創造**

自分がやりたいことが実現できることで自主性が発揮され、期待以上の成果創出と価値創造につながる。

ところで、これからの目標管理においては、目標達成と成長支援が両輪として機能しないといけないと述べてきました。

しかしながら、日本企業の多くの職場で部下は目標が未達成の一方で、上司が不足分を補い、あるいは一部の部下の際立った貢献に依存し、自身の目標は達成しているという矛盾がよく見られます。メンバーの成長支援が主要な役割であるはずの上司が部下の目標未達成という結果に対して責任がないという評価であり、とても奇妙な評価のあり方です。

自主的目標管理の正しいあり方をマネジャーをはじめとする管理者の方々が考えるうえで、この課題に取り組むことにはとても意味があるのではないでしょうか。

Key Point

マネジャーは「自己管理」の意味合いを面談の前にメンバーに伝えることが大事

056

プロセス・コンサルテーション

プロセスの支援が
自律的な問題発見・解決につながる

近年、コンサルティング業界でよく聞かれるようになった用語に**「プロセス・コンサルテーション」**があります。組織心理学の父であり、リーダーシップと組織文化の関係の研究で知られる心理学者のエドガー・シャイン博士が1969年に提唱した、クライアントが自ら問題を発見・解決するためのそのプロセスを支援するコンサルティングのあり方です。

クライアントとコンサルタント相互の「援助関係」の開発が基軸になります。

シャイン博士は著書『プロセス・コンサルテーション』（稲葉元吉、尾川丈一訳、白桃書房）の中で、プロセス・コンサルテーションについて、次のように記しています。

「クライアントとの関係を築くことである。それによって、クライアントは自身の内部や外部環境において生じている出来事のプロセスに気づき、理解し、それに従った行動ができるようになる。その結果、クライアントが定義した状況が改善されるのである。」

「なお、ここでいうプロセスは、最も広い意味で言えば『何が

なされたか』ということよりも『どのようにしてそれがなされたか』ということである。」

　これはまさに、今の時代に求められている上司とメンバーの関係性のあり方でしょう。

　上司は自分が目立つことや、自分の手柄を追い求めるのではなく、メンバーを主役に引き立てる監督やコーチのような心構えで指導や支援を行ってほしいものです。

　全英女子オープンで優勝経験のあるプロゴルファー渋野日向子さんのコーチを務める青木翔氏の著書『打ち方は教えない』（ゴルフダイジェスト社）は「コーチの役割は、選手自らが問題を発見しその解決策を考え、本人のモチベーションによって実行するというプロセスを支援することである」というのがその主旨です。

　こうした指導法は、従来のスポーツ界で伝統的に行われてきた「こうしろ」という方法とは異なり、選手の潜在能力を引き出す手法としてスポーツ界に限らず、ビジネス界でも広がってきています。

Key Point

プロセス・コンサルテーションはメンバーが自ら問題を発見・解決するために自らの行動のプロセスに気づく支援を行うことである

057

自主的目標管理を運用するカギ

マネジャーとしての「権威」が
メンバーの自主性に影響する

　自主的目標管理を進めるうえで、マネジャーは上司と部下という上下関係には十分注意が必要です。上司が上で部下が下とはっきりと階層分けをすると「権力の上下関係の構図」になり、メンバーの"自主性"が損なわれることになります。

　そうならないために、**チームの形はピラミッド型の階層ではなく、円形が理想的**です。メンバー全員が手をつなぎ、その中の1人がマネジャーというイメージです。

　かつては、マネジメント能力に問題があったとしても上司には権限が与えられているので、その「権力」でマネジメントができました。

　しかし、チームを持続的に成長させていくには、マネジャーはメンバーの成長支援が最大の役割の1つですから、「権力」ではなく「権威」で人を動かさないといけません。

　権威は、専門性や信頼性などから醸し出される周囲が認めるその人の価値です。

　多様性がさらに進むビジネス現場では、信頼の構築がチームマネジメントのカギになることを先述しました。

　マネジャーは信頼を得るための言動に留意しながら、メンバー同士がお互いをリスペクトし合う風土をつくることが成果創出の

ために大変重要です。**リスペクトし合うチームからは多様な意見が出され、イノベーション創出の可能性が高まります。**

これまでの常識が通用しにくいVUCA（絶え間なく変化し、予測ができず、複雑で曖昧模糊）の時代では、チーム内の創発がイノベーションの源泉と言われます。

VUCAの時代の組織のあり方を研究しているハーバードビジネススクールのリンダ・ヒル教授は「1人の天才」ではなく、組織メンバーの多彩な叡智を集めて成果を生み出す「集合天才」、すなわち異なる個性が集まるチームがイノベーションを生み出すことを実証研究で明らかにしています。

集合天才が機能する組織では、「マネジャーは権威の獲得に努力しなければならない」、そして「マネジャーの権威はメンバーや同僚、上司と信頼を築くことによってこそ生まれる」とヒル教授は述べています。

アマゾンのジェフ・ベゾス氏など多くの成功者のコーチとして知られるビル・キャンベル氏も著書『1兆ドルコーチ』（櫻井祐子訳, ダイヤモンド社）の中で、「**（悩める優秀なマネジャーに対して）君は部下の敬意を集めるのではなく、敬意を強要してきた。謙虚さと献身を示して、会社と部下を気にかけていることをわかってもらえ**」と述べているように、**メンバーの成長支援を担うマネジャーにとって、これからますます重視されるのが「権力」ではなく「権威」です。**

Key Point
チームを持続的に成長させていくためのメンバーの成長支援には、「権力」ではなく「権威」で人を動かすことを心がける

058

両利きの経営と自主的目標管理

やるべき目標＝「知の進化」
やりたい目標＝「知の探索」

　イノベーションに関する経営理論に「両利きの経営」があります。UCLAのチャールズ・A・オライリー教授とコロンビア大学のマイケル・L・タッシュマン教授の提唱する経営コンセプトで、イノベーションを引き起こすには、「知の深化」と「知の探索」を同時並行で進めるべきとしています。**「知の深化」とは、既存の事業を深耕し続けていくことであり、「知の探索」は全く新しい事業を開発し成長させていくこと**です。

　この理論を169ページで説明した自主的目標管理の目標設定に当てはめてみると、「知の深化」＝トップダウンによる「やるべきこと」であり、「知の探索」＝ボトムアップの「やりたいこと」です。
　そう考えると、自主的目標管理はイノベーション活動そのものといえます。実際に、既存の役割に関して、まずは目標を確実に達成していくことで成長を図り、スキルが向上していくことで新たな役割に挑戦していきます。このプロセスが現場のイノベーションにつながります。

　また、自主的目標管理の主役はメンバーです。マネジャーはメ

ンバーが自律的に動けるように支援を行いますが、このマネジャーとメンバーの関係はサッカーに例えられるのではないかと思います。

経営コンサルタントの冨山和彦氏は著書『コーポレート・トランスフォーメーション』（文藝春秋社）の中で、これからの時代のビジネスをスポーツに例えています。

現在のビジネスは攻守の順番が整然としている野球ではなく、1つのピッチの上を両チームの選手が状況に応じて臨機応変にポジションを入れ替えて走り回るサッカーの時代になってきており、その臨機応変さを身につけないかぎり、戦略を描いても意味はないという趣旨のことを述べています。

確かに現代のサッカーでは、攻撃の選手が守備に回り、守備の選手が攻撃をする、アジャイル（俊敏）な展開が基本戦術です。

これと同じように、VUCAの時代ではマネジャーはサッカーにおける監督の役割のように、業務上の状況変化に応じて目標を捉え直しながら、メンバーが迷わずに目標達成できるように支援していくことがポイントになります。

サッカーの監督は英語圏ではヘッドコーチと呼ばれます。日本語の監督はヒエラルキー上の上司というイメージがありますが、海外のヘッドコーチにはサポート役というニュアンスがあります。ヘッドコーチがこれからのマネジャーの姿だといえます。

Key Point

既存の役割の目標を確実に達成していくことで成長を図り、成長によりスキルが向上していくことで新たな役割に挑戦する

059

自主的目標管理のマネジメントプロセス

大事なことは、期待役割に基づく 自己成長の目的とその重要性の確信

　メンバーの目標管理を行う際のマネジメントプロセスで重要なことは「自発性を引き出して成長支援する」ことです。その大前提となるのが、マネジャーとメンバーの双方が、自身の役割に基づく自己成長の目的とその重要性を確信していることです。

　マネジャーはメンバーに期待役割を伝えて、その目標達成と成長においてメンバー自身が自己管理できるように後方から支援していきます。その際のマネジメントプロセスを「期初」「期中」「期末」の3期と4つのステップに分けて行います。

①期初（期待役割の伝達・仮説設定）

ステップ1：マネジャー→メンバーを知る

　　　　　　メンバー→自分を知る

ステップ2：マネジャー→メンバーの動機づけ

　　　　　　メンバー→自己の動機づけ

　皆さんはメンバーの「業務/経歴/経験、知識/技の程度、強み/弱み、性格特性、働く動機、ありたい姿、やりたいこと、成長課題」などを理解しているでしょうか？

　メンバーの個性を活かし成長を支援するために、はじめにお互いを知ることがとても大事です。そのうえでマネジャーは期待役割

への貢献とチャレンジに向けて、メンバーと目標を設定します。

②期中（仮説の検証）

ステップ3：マネジャー→メンバーの目標達成と成長の支援
　　　　　　　メンバー→目標達成へのこだわり

　期中でマネジャーは定期的にメンバーの目標達成と成長支援のために、コーチングを行います。

③期末（貢献度評価）

ステップ4：マネジャー→メンバーの評価
　　　　　　　メンバー→自己評価

　マネジャーは定期的に進捗状況を確認しながら期末に評価とフィードバックを行い、次のフェーズに向けてサイクルを回します。

　このマネジメントプロセスでは、マネジャーとメンバーの双方に「成長に向けての確信」があることが重要です。そのうえで、**メンバーの成長目的は短期では「期待役割への貢献」、中長期では「自己成長とキャリア形成による豊かな人生の実現」です。**

　一方で、**マネジャーの成長支援の目的は、短期では「メンバーの期待役割に基づく目標の達成や業務課題の解決を通じての組織目標の達成」、中長期では「社内外で通用する優秀な人材の成長支援による企業の持続的成長」です。**

Key Point
自発性を引き出して成長支援をしていくにはマネジャーとメンバーの双方が期待役割に基づく自己成長の目的とその重要性を確信すること

060

ステップ1：メンバーを知る

何に動機づけられるのか、どのように成長したいのか

　メンバーの成長支援のマネジメントプロセスでは、「知る→動機づける→成長を支援する→評価する」という4段階を基本にします。そのはじめのステップの「メンバーを知る」ことは、ふだんの職場で意外に行われていないことの1つです。

　特に、飲みニケーションやお茶をする機会がなかったり、リモートワークにより雑談が極端に減った職場では、上司と部下どころか、同僚同士でもお互いを知ることがないという声をよく聞くようになりました。

　だからこそ、メンバーを知る機会として、目標管理の面談はとても有意義に行う必要があるのです。

　筆者はコンサルティングの際に企業の方に「メンバーを知ることに特化した面談」を実施することをお願いするようにしています。「あなたという人となりを知りたいのでざっくばらんに話をしましょう」という姿勢です。

　マネジャーはメンバーをパートナーとして知ることで、メンバーそれぞれが何に動機づけられるのか、どのように成長しようと考えているのか、その勘どころを掴むことで働きかけ方が見えてきます。

メンバーもマネジャーとの面談を通じて自らを知ることで自分の役割を果たすために何に注力すればよいかが明確になり、スキル開発や成長の参考にできます。

　なお、メンバーを知るための対話では「共感して知る」ことを意識します。マネジャーが知りたいことを訊き出すのではなく、メンバーが信頼して話してくれる対話です。これが「共感して知る」ということです。

　対話でまずは知りたい10項目には例えば次のようなことがあります。

1) **これまでの仕事の経歴**
2) **これまで最も楽しく有意義だった仕事とその理由**
3) **これまで最もイヤで思い出したくない仕事とその理由**
4) **今の仕事に対する思いや悩み**
5) **仕事を行ううえでの自分の強みと弱み**
6) **モチベーション（やる気）の源泉**
7) **将来やってみたい仕事**
8) **将来のキャリアビジョン**
9) **社内の人間関係（関係が良好な人、苦手な人）**
10) **プライベート（現在の趣味やはまっていること、週末の過ごし方など可能な範囲で）**

Key Point
マネジャーはパートナーであるメンバーの働く動機や成長への考え方を知ることで働きかけ方が見えてくる

061

ステップ2：メンバーを動機づける

動機づけの理論を知っておくと
対話の流れをつくることができる

マネジャーとメンバーは期初に十分な時間を取り、期待役割に基づく目標設定面談を相互で納得しながら進めていきます。このとき大事なことは、メンバーが自分の目標に自律的に取り組むための動機づけです。**「動機づけ」というとマネジャーからメンバーに一方的にモチベーションを上げてもらうというニュアンスが感じられないこともないですが、対話の中からメンバーが自発的にやりたいことを引き出していくことがその真意**です。

その際に心理学の動機づけに関する理論を知っておくと、話し合いの実践の参考になります。

例えば、古典的な理論として**「ハーズバーグの二要因理論」**があります。米国の心理学者フレデリック・ハーズバーグが提唱したもので、仕事において満足感が得られる要因を「動機づけ要因」、逆に不満足が感じられる要因を「衛生要因」としています。

動機づけ要因には「成果」「達成度」とそれに対する「評価」などのほか、「昇進・昇格」や「成長の機会」などがあります。

一方の衛生要因には「組織の方針」「人間関係」「職場環境」「報酬」「マネジメント」などがあります。

この2つの要因のうち、まずはメンバーが不満足に思っている

衛生要因を解消したうえで、動機づけ要因が充足できるような条件を合意するようにします。

　なお、ハーズバーグの二要因理論もそうですが、心理学の理論はデメリットも含まれることがよくあるので、その点に注意が必要なことを言い添えておきます。心理学は自然科学の一部ですが、完全な実験による実証ができないからです。

　事前準備では、マネジャーは自分の役割と目標を整理・確認し、同時にメンバーの期待役割と目標を検討します。メンバーは自分の期待役割に基づいて仮の目標設定を行います。

　目標設定面談では、「期待役割の伝達→目標設定のすり合わせ→合意形成」という流れで対話します。その要点は以下のとおりです。

　1）**期待役割の伝達**
- 面談の目的を伝えた後、期待役割を伝える
- 期待役割について対話を通じて相互に理解を深める

　2）**目標設定のすり合わせ**
- メンバーが設定した目標の内容とレベル感をすり合わせる
- 双方にズレがあれば、納得がいくまで調整する

　3）**合意形成**
- 目標達成に必要な知識、スキル、行動計画を具体化する

Key Point

「動機づけ」とは、対話の中からメンバーが自発的にやりたいことを引き出していくこと

062

ステップ3：メンバーの成長を支援する

成長支援の最大のポイントは 相手の気づきを引き出すこと

　成長支援ではコーチングの**GROWモデル**を使い、マネジャーからの質問によってメンバー自身に目標実現のために何をするかを気づかせるプロセスを定期的に行っていきます。

　GROWモデルとは、次のサイクルで目標達成のプロセスを支援する取り組みです。

Goal［目標］→Reality［現実］→Options［選択肢］
→Will［意欲］

以下に、GROWモデルを使った目標管理と成長支援の要点を示します。

1）Goal：実現したい目標を明確にする

- 期初に設定した目標について、「何を達成したいのか」を相互に再確認する
- 状況に応じて、軌道修正する

2）Reality：現在の状態を把握する

- メンバーは自己評価を行い、途中段階の到達度を確認する
- 途中段階で発生している問題や障害を確認する

3）Options：目標実現の選択肢を挙げる

- 目標達成に向けたあらゆる選択肢について、コーチ役としてのマネジャーとメンバーが一緒に確認する
- マネジャーは質問を通じてメンバーに選択肢を挙げてもらい、メンバー自身でその中から選択することで責任感と使命感を感じてもらう

4）Will：やるべきことを自らの意志で決める

- 目標達成に向けて、メンバーのさらなる意欲向上を支援する

GROWモデルを活用して、そもそものゴールとは何か、今はどういう状況か、現実と目標のギャップはどうかの確認をメンバーに促し、課題解決の意欲を引き出します。

また、メンバーの成長支援のアプローチとして取り入れたい考え方の1つに、「**経験学習**」があります。

経験学習とは、教育心理学者のデヴィッド・コルブによる「行動と学習」、つまり**経験することで自らの成長に必要な気づきを習得していくフレームワーク**であり、予期せぬ出来事の中で成長していかなければならないVUCAそしてWithコロナの時代に適した考え方だといえます。

メンバーが自律的に期待役割を遂行していくプロセスの中で、行動習慣を身につける経験学習サイクルを実践してもらいます。具体的には、

具体的経験（直感重視）→**内省的観察**（内省重視）→
抽象的概念化（理論重視）→**活動的実験**（行動重視）

というサイクルをバランス良く循環させていくことで、より高い学習効果が得られるようになります。

サイクルを経る過程で「何事もまずはやってみよう」という意欲が生まれるメリットもあります。経験学習サイクルの4つのフェーズの実践ポイントは次のとおりです。

1) **具体的経験** （直感重視）

「まずは、やってみる」ということで、自分で考え、動き、そして結果を受け入れる。

声がけの例：「ぜひ、やってごらん」

2) **内省的観察** （内省重視）

「振り返る／内省する（良かった点、気になる点を特定する）」ために経験を多様な観点から振り返る。

声がけの例：「うまくいったことは？」「うまくいかなかったことは？」

3) **抽象的概念化** （理論重視）

「教訓化する（そこからの学びを一言で表現する）」ために、他の場面でも適用できるように概念化し、教訓や学びを得る。

声がけの例：「課題は何かな？」「何を学んだかな？」

4) **活動的実験** （行動重視）

「試してみる（異なる機会で、学びを活かしてみる）」ことで、抽象化した教訓や学びを、異なる場面や新しい場面で試す。

声がけの例：「次にどう活かしていく？」

経験学習をメンバーの成長支援で活用するには、人には得手不得手があるので、「行動型（具体的経験）」「内省型（内省的観察）」「試行型（活動的実験）」「理論型（抽象的概念化）」から、自分のタイプを

知ったうえでサイクルを回し切ることがポイントです。

1）**行動型**（具体的経験）

［特長］まず動く。直感を信じ、好奇心をもとにして、あれこれ手を出せる。フットワークが軽い。

［弱点］無駄や無意味なことに時間を費やす。四方八方に手を出し、何ひとつ身につかない可能性もある。

2）**内省型**（内省的観察）

［特長］1つ1つ丁寧に振り返る。学んだ都度振り返りを行って、習熟度を高める。

［弱点］1つを突き詰めて考えすぎ、結局迷う。同じことばかり学んだり、同じ場所に立ち止まる可能性もある。

3）**試行型**（活動的実験）

［特長］見聞や過去の経験から仮説をもとに行動する。自己や他人の経験から学ぼうとする。

［弱点］試すことで満足し、それで終わってしまう。人に聞いたり、正しい仮説を見つけることにこだわり、前に動かない可能性もある。

4）**理論型**（抽象的概念化）

［特長］本質や要点を探ろうとする。学んだことから教訓をまとめたり、自らに有益な点を抽出する。

［弱点］机上の空論に陥る。思考に集中しすぎて理屈っぽくなり、自分に合わないものを排除する可能性もある。

Key Point

GROWモデルや経験学習などメンバーの成長支援に活用できる技法やフレームワークを把握しておく

ステップ4:メンバーを評価する

評価とは社長の代わりに 管理職に委任された権限

　職務遂行に基づく事実から評価することで、評価への納得感も高まり、翌期への成長課題が明確になります。

　その際、評価に必要なスキルセットは4つあります。

　「事実を収集するスキル」「事実を整理するスキル」「バイアスを外すスキル」「公正に判断するスキル」の4つです。

①事実を収集するスキル

　忙しい日常の中で、評価に値する「成長の事実」を「観察」を通して収集するスキル

　適切に評価するために、職務の実行段階での事実をもとにした成長支援のスタンスがポイント。マネジャーはメンバーの目標シートなどをもとに、日常発揮している行動や1on1などの対話の記録を取ることを習慣にする。

②事実を整理するスキル

　様々な事実情報を、業績に関する事実、コンピテンシーに関する事実などに区分けするスキル

　目標に関する成果創出の事実に加え、メンバーとの協調や成長への学び直しなどの評価に値する日々の行動特性を、「業績評価」

や「コンピテンシー評価」などに区分けして評価する。

③バイアスを外すスキル

評価者は公平・公正であることを意識して、人を評価する際に
かかりがちなバイアスを認識して、意識して外すスキル

バイアスとは「先入観」や「偏り」という意味だが、ここでは
評価における独自の判断軸や選り好みのこと。バイアスを外すに
は、自分にありがちな「思い込み」「当たり前」「決めつけ」など
を思い起こし、評価の際には事実をもとに客観的に判断すること
に留意する。

④公正に判断するスキル

職務を遂行するうえで求められる基準・要件に基づき、公正に
判断をくだすスキル

公正に判断するには、事実を直視して、組織内で合意された評
価軸で客観的に行う。その際、相対評価（他者との比較）ではなく、
絶対評価（期待や目標との比較）で行うと評価対象者の納得感は得ら
れやすい。ここでは、メンバーの成長への教育的視点や目標と実
績のギャップを公正に見ることが重要。

最終的にメンバーには「自己評価のスキル」が求められます。
**自分の役割と仕事を最も理解しているのは本人です。役割と仕
事に基づき自己評価をして現在地を確かめ、成長の道すじを自ら
つくっていくスキルは必須です。**
メンバーにも自分で情報収集し、自己内省・自己評価し、成長
課題を特定する習慣が必要です。

翌期に向けて残った課題を特定し、次回に設定する目標のテーマとしていきます。その要点は以下のとおりです。

■メンバーに求められる自己評価のスキル

▶期中
◎情報収集
- 成長目標の達成に向けた取り組み具合や事実情報に関して、自ら収集しておく
- 自己内省や振り返りを自ら定期的に行う

▶期末
◎自己内省・自己評価
- 期末に一歩踏み込んで
  - 何かしらの工夫を自ら行い、うまくできたこと
  - その理由
  - 意図して何かしらの工夫を自ら行ったものの、うまくできなかったこと
  - やりたかったもののできなかったこと
  - その理由

  などの観点で自己内省する
- その後、事実をもとに自己評価する
◎成長課題の特定
- やり残した課題を特定し、次期の目標テーマに設定する

これまで述べてきたように、メンバーの成長支援のための目標

管理や人事評価は今後のキャリアにとって、とても重要であることをマネジャーは肝に銘じなければなりません。

　以前、国内の某トップ企業で人事評価制度の導入支援プロジェクトに携わった際に、その会社の副社長が上級管理職に対して評価の重さを次のように説明していました。

　「人が人を評価するということは本来、全権限を持つ社長が社員1人ひとりに対して、感謝とともに行うべきことです。ところが当社のように数万人の社員を抱える場合、それは不可能です。それゆえ、評価という権限を管理職に委ねて、社長の代わりにやってもらっているのです。管理職の皆さんには『全社を背負っているという覚悟』でメンバーを評価してください」

　マネジャーに求められる評価に対する心構えとして、筆者自身たいへん共感したコメントでした。

Key Point

事実を収集する、事実を整理する、バイアスを外す、公正に判断する

Measure What Matters
伝説のベンチャー投資家がGoogleに教えた成功手法OKR

ジョン・ドーア著　土方奈美訳　日本経済新聞出版

　グーグルにOKRを紹介したベンチャーキャピタリストが著したこの本は、現代の自主的目標管理の有用性を証明するうえで意義深い内容にあふれています。

　企業の重要課題を全組織が共有し、各組織が全力でその重要課題に対処するための目標に取り組むOKRのメリットを事例を使って解説していきます。目標を絞り込み、目標達成のための課題をボトムアップで提起していき、自主性を重んじながら柔軟な姿勢で計画を貫徹することが説かれていきます。企業文化や社員の自主独立が醸成された企業風土により著しく効果が発揮できる手法です。

成人発達理論による能力の成長
ダイナミックスキル理論の実践的活用法

加藤洋平著　日本能率協会マネジメントセンター

　経営者であれば「戦略思考力」や「意思決定力」、チームを率いるマネジャーであれば「部下育成力」や「リーダーシップ能力」、ビジネスコーチであれば「傾聴力」や「質問形成力」など、立場や役割によって高めたい能力は違います。

　本書は、これらの多様な能力に共通する成長のプロセスとそのメカニズムを専門的に扱う「知性発達科学」の知見に基づきながら、自己の成長と他者の成長を促す方法について紹介した実践書です。私たち各人が持つ様々な能力という「種」がどのように「花」を咲かせ、どのような「実」となるか、その方法を解説していきます。

第 5 章

....

顧客起点の業務プロセス

あらゆる生産活動の目的は、
究極的には顧客満足にある。

ジョン・メイナード・ケインズ

メンバーのスキルにバラつきのあるチームが組織能力を高めるには、業務プロセスを共有して自律的に行動できる仕組みをつくることが必要です。

　業務プロセスは顧客起点に照準を合わせ、顧客の課題や特性を見据えてつくります。

　顧客起点の業務プロセスがうまく回り出すと、顧客は商品・サービスに価値を感じてお金を払ってくれるようになる、いわゆる「顧客価値の創造」によりチームの目標達成が実現し、その風土がチームに築かれることで会社全体にも良い影響を与えていきます。

　それには、他部署や協力会社との協調体制が重要です。自前では足りないスキルやリソースを他者から借りれば、目標達成が早く実現できます。

　また、他者との連動で自分たちでは思いもつかない発想への気づきを生み、イノベーション創出のチャンスが広がります。

　ところで、経営トップから顧客起点の方針が出されても、経営側が具体的な実行方法を理解しているわけではありません。顧客のことは現場がいちばんよく知っています。

　つまり、現場を預かる皆さんマネジャーやそのメンバーからのボトムアップの提案が、経営と現場のベクトル合わせになり、無駄のない、納得度の高い業務プロセスの基礎をつくります。

　顧客起点の業務プロセスはマネジャーが旗振り役になってメンバー全員でつくり上げていく取り組みです。

　この共同作業がチームの結束力を固める原動力にもなります。

064

仕組みづくりの重要性

成長企業には事業運営上の特有の「仕組み」がある

　無印良品（良品計画）の社長を務めた松井忠三氏の著書『無印良品は、仕組みが9割』（角川書店）は、マニュアルを徹底して活用する組織運営の仕組みづくりが同社の現在の好業績の基盤となったことを説いたベストセラーです。

　現在好業績が続く無印良品ですが、松井氏が社長就任当初は同書によると、「谷底に落ちていた時期」であり、「そこで最初に取り組んだのは、賃金カットでもなく、リストラでもなく、事業の縮小でもなく、仕組みづくりでした。簡単にいうと、それは『努力を成果に結びつける仕組み』『経験と勘を蓄積する仕組み』『無駄を徹底的に省く仕組み』。これが無印良品の復活の原動力になったのです」と記されています。すべての仕事を標準化してマニュアルにし、やるべきことを仕組み化したことで実行力を上げ、V字回復とその後の成長を実現しました。

　また、アイリスオーヤマの大山健太郎会長の著書『いかなる時代環境でも利益を出す仕組み』（日経BP）も組織をうまく回すには仕組みが重要であることが唱えられています。

　同社の企業理念の5項目のうち、第一番目が次の理念です。

1. 会社の目的は永遠に存続すること。
いかなる時代環境に於いても利益の出せる仕組みを確立すること。

同書の序文で大山氏は会社にとって仕組みがどれほど大切かを次のように述べられています。

「私に言わせれば社長の仕事は、長期視点に立った事業構想と、それを実現するための仕組みの確立・改善です。アイリスは『仕組み至上主義』の会社です。仕組みを作らない社長は、自分で何でも決めたいだけなのでしょう。そんな会社は、社長が引退した途端、傾きます。」

付加価値の高いものづくり企業として知られるキーエンスも創業以来、仕組みづくりに深く取り組んできました。あるOBによれば、「キーエンスの成長の理由は顧客に価値を提供するための仕組みとそれを支える組織文化にある」とのことです。

マッキンゼーの実質的創業者であるマービン・バウワー氏は著書の中で「経営者はその時間の70%を仕組みづくりに割く必要がある」と述べています（出典：The Will To Manage, 1996）。

組織が仕組みをつくることは時代を超え、国を超え、企業の成長の重要な法則だということをこれらのことは示しています。

Key Point
マネジャーは仕組みをつくり、そして改善していく。仕組みが良い成果を生み出す

065

顧客起点のマインドセット

主語を「商品・サービス」から「顧客」に変える

　業務プロセスを顧客起点で考えるのは、「何のために働いているのか」を再認識するためです。ビジネスとは顧客があってこそ、成立するのだという意識を強めるためです。

　自分だけのことを考えて判断するのではなく、周りの人のことを考えて思いやりに満ちた「利他の心」で判断すれば仕事も人生もうまくいくと唱え、多くの実業家や政治家の生き方に影響を与えた京セラ創業者の稲盛和夫氏。

　「利他」は近江商人の経営哲学である売り手よし、買い手よし、世間よしの「三方よし」の精神を表す言葉です。そもそもは仏教用語の「自利利他」が由来であり、自らの悟りのために修行し努力し、他者のために救済を尽くすことであり、顧客起点の真意と重なります。

　ビジネスでは、顧客に提供している商品・サービスをいかに多く売るか、そのためにどのような改善や改良、販促を行ったらよいかを日々考えて実行します。ただ、その活動が次のような場合、顧客からするとどう映るでしょうか？

　スマホには様々な商品・サービスの広告が続々と届き、間髪おかずレコメンデーションしてきます。

　また、顧客サービスとしてのポイントサービス。

各社同じようなサービスを激化させて顧客の囲い込みを図り、レッドオーシャン状態です。実質的に値引き販売のポイントサービスは顧客のための「利他」というよりも自社の生き残りのための「利己」にすり替わっていないでしょうか？

　もちろん、ポイントサービスは顧客には嬉しいことですが、似たようなサービスだけでは顧客価値の創造にはなりません。

　サービス競争の行く末は消耗戦なので、体力のない企業は徐々に疲弊し、はじめは顧客起点と言いながら生き残りのために主語が「自社（の商品・サービス）」に傾き始めます。

　すると、自社が売りたいとなり、これまで扱ってきた商品・サービスをいかに多く売るかとなりがちです。

　危機に陥ったときこそ、主語は「顧客」であることを改めて思い直します。

　顧客が自社を選ばないのは魅力がないからです。

　それならば、「顧客が魅力を感じるコトやモノとは何か？」という発想が生まれます。

　これがイノベーションの種になります。

　主語を「商品・サービス」から「顧客」に変えるマインドセットで、「この商品・サービスをどうやってもっと売るか？」から「顧客は何を求めているか？」に思考が転換し、顧客目線でビジネスを見ることができるようになります。

Key Point

業務プロセスを顧客起点で考えるのは、「何のために働いているのか」を再認識するため

066

顧客起点とイノベーション

技術起点から
顧客起点への意識転換

　NHKの伝説的なドキュメンタリー番組「プロジェクトX　〜挑戦者たち〜」では、東京タワー、青函トンネル、黒部ダム、富士山頂の気象レーダーなど社会インフラをはじめ、ホンダのCVCCエンジン、マツダのロータリーエンジン、ソニーのトランジスタラジオ、富士通の国産コンピューター、東芝の日本語ワープロ、日本ビクターのVHS、セイコーエプソンのクォーツ式腕時計など昭和の機械工学分野の開発秘話が明かされました。

　しかし、それまでモノづくりで世界を席巻してきた日本は平成になると、次のような新たな環境変化の中で模索しはじめ、事業の変革を余儀なくされます。

- 技術主導のイノベーションは引き続き重要であるが、その中心は機械工学から電子工学、通信技術、生命科学、ソフトウェアに移行する。
- 1つの技術分野だけでなく、多様な技術の融合からイノベーションが生まれる（コンピューターと通信の結合で生まれたインターネット、化学合成と生命科学の結合によって生まれたバイオ医薬品など）。
- モノ（製品の機能価値）だけでなく、コト（人間の様々な精神的な欲求）の分野でイノベーションが生まれる。

- 顧客や社会の潜在ニーズを掘り起こすことからイノベーションが生まれる。
- 1つの企業だけでなく、業界を超えて多様な企業とのコミュニティーをつくり、コラボレーションを通じて新しい事業モデルが生まれる。

　この変化の意味は、昭和のイノベーションは技術者が中心でしたが、平成から現在のイノベーションは技術者も含め、顧客や社会とつながりを持つすべての社員が関わるということです。

　つまり、イノベーションは一部の専門家だけでなく、様々な社員が参加するプロジェクトとしての取り組みから生まれるものであり、イノベーションを生むには顧客の真のニーズの探索による顧客起点の仕事がとても重要になるのです。

　本書の「はじめに」でアマゾンの「Customer Obsession（顧客執着）」という言葉を紹介しました。これは顧客起点を実践することの途方もない難しさ、しかしそれを実現できたときの成果の大きさを信じての表現です。

　生半可な気持ちで取り組んでも何の成果も生まれない、強い覚悟で取り組む意志が大事になるということです。

Key Point

イノベーションはプロジェクトとしての取り組みから生まれるため、真の顧客ニーズの探索による顧客起点の仕事が重要になる

067

顧客起点の業務プロセス

顧客価値の創造を実現するための関係強化の仕組み化

　仕事を進める段取り、それが業務プロセスです。製造業であれば、部品や材料を調達するプロセス、それを最終製品に仕上げるプロセス、製品を顧客に届ける物流のプロセス等があって、経営が成り立ちます。建設業では工事の施工プロセス、流通業であれば商品の受発注のプロセスが確立されています。プロセスが標準化されることで、誰もが自律的に行動できます。

　現在では機械化やデジタル化による業務プロセスの効率化が進んでいますが、これまでの業務プロセスの効率化は、必ずしも顧客起点に基づくものではありません。

　1990年代前半に米国で流行した経営モデルの1つに、リエンジニアリングがあります。リストラクチャリング（リストラ）と対になる経営モデルです。

　リストラクチャリングは事業の選択と集中を進め、撤退事業を中心に大胆な人員削減を行い、経営資源配分の効率を抜本的に高めるというアプローチでした。

　これに対してリエンジニアリングは企業の業務プロセスの分析を行い、ITの力も活用して効率化を進めるというアプローチです。リストラは経営資源配分の効率化を進める、リエンジニアリングは業務プロセスの効率化を進めるというもので、共通点は

「効率化」でした。

効率化は、作業時間を短縮し無駄を排除することで生産性の向上につながります。コスパ（コストパフォーマンス）やタイパ（タイムパフォーマンス）を上げることになるので、業務の効率化はどんどん進んでいきます。

ただし、これまでのコスパもタイパも自社起点になっているのが通例です。自社の生産効率や時間効率を上げるという目的での取り組みだからです。

一方、**顧客起点の業務プロセスは、顧客価値の創造が目的**です。顧客価値の創造は、すぐに役立つ商品・サービスを提供することに加え、アフターフォローも十分考慮した取り組みであり、長期的な活動になります。

よって、**短期的な成果を求めた「効率」だけに縛られず、長期的に顧客になり続けていただく「関係強化」を意図した仕組みづくりが重要**になります。

こうしたことを念頭に置き、顧客の課題を様々な角度から検証し、人をはじめとする自社の経営資源をどのように活用すれば顧客に報いることができ、顧客価値の創造が果たせられるかをチーム内で徹底的に議論して、そこから顧客起点の業務プロセスをつくっていきます。

Key Point
短期的な成果を求めた「効率」だけに縛られず、長期的に顧客になり続けていただく「関係強化」を意図した仕組みづくりが重要

068

業務プロセス4つのポイント

顧客価値の創造、計画と管理、メンバー育成と風土開発、リスク管理

　業務プロセスを構築する目的は、業務効率を上げて組織能力を劇的に強化することにあります。

　例えば、クレームを受けたときに対応プロセスがしっかりしている企業とそうでない企業があります。対応の良し悪しはクレーム処理担当のスキルもありますが、仕組みによって迅速に適切に対処できれば、ノウハウとして組織内で共有でき、一定の品質が保たれます。

　そこで重視されるのが組織能力として業務プロセスがしっかりしているかどうかです。

　筆者は、組織能力の真髄は業務プロセスにあると思っています。**良い業務プロセスが組織の価値を生み出し、それがなければどんなオペレーションも属人的になり、対応が安定しません。**

　よって、良い業務プロセスが組織内に浸透していれば、仕事のレベルは高く安定します。その状態をつくるためには、次の4つの視点に注力します。

　①顧客価値を創造するための業務プロセス

　業務プロセスの改善や構築にはメンバーのアイデアと社内の関係部署との協力関係が必要。商品・サービスを安定的に低コスト

で提供する生産とデリバリーの業務プロセス、受発注の業務プロセス、アフターサービスやクレーム対応の業務プロセスなどは現場のアイデアや関係者の経験が反映されて実効性が高まる。

②計画と管理の業務プロセス

年度予算計画の策定と承認、実行と評価をはじめ、規則やコンプライアンスを遵守した業務遂行が行えるためのコーポレートガバナンスに関する業務プロセスの整備。

③メンバー育成と組織風土開発の業務プロセス

将来の後継者を発掘・登用・育成する業務プロセス、メンバーを高いキャリアに挑戦させる業務プロセス、組織ロイヤリティを持続的に高める業務プロセス、組織のノウハウや知恵を蓄積・共有する業務プロセス、メンバーの業績評価とその処遇に関する業務プロセスの整備。

④リスク管理の業務プロセス

メンバーの不祥事や商品事故、事業継続を阻む自然災害など、業績に甚大な影響を与えるリスクについて、その兆候となる軽微な事故や問題を発見・解決し、被害の未然防止や最小化のための業務プロセスの整備。

Key Point

良い業務プロセスが組織の価値を生み出し、それがなければどんなオペレーションも属人的になり、対応が安定しない

069

業務標準化への取り組み

誰がやっても一定の時間で 安定した品質を実現する

　業務プロセスをより良くしていくには、まずは「業務の標準化」を考えます。**業務の標準化とは、手順や達成基準をチーム内で決めて共有し、誰がやっても一定の時間で安定した品質が実現できることです。業務効率化と生産性向上には必須です。**

　業務の標準化ではマニュアルの作成がカギを握りますが、チーム内での標準化は次のステップで進めていきます。

①業務の整理

　チーム内で行っている業務をすべて洗い出してリスト化し、その業務を行う意味を次のような観点から吟味する。

- 何を目的とした業務なのか？
- 顧客にとってどんな意味を持つ業務か？
- 他部署や外部の協力者の関与の状況はどうか？
- 何人で行い、所要時間は？
- もしその業務をやめたらどんな問題が起こるのか？
- 形骸化した不要な業務はないか？

②業務ごとの標準化の検討

　不要な業務を排除したのち、誰がやっても同じ品質になるよう

業務ごとに、遂行方法と達成基準（レベルや納期など）などを決める。ここで決めたことはマニュアルにして、属人化を防ぐ。

- 効率的な業務の手順は？
- 作業フローをチャート化したら？
- 特に注意すべきことは？
- 達成レベルは？（2人1組でミスゼロで完了できるレベル等）
- 完了までの時間は？（1人で5時間内等）
- 問題が発生したときの対処法は？

③実行と改善

マニュアルを参考にしながら実際に業務を遂行していく。ここで問題があれば速やかに改善し、一層の業務の効率化と生産性の向上を目指す。

業務の標準化で大切なことは、現場の社員が良い仕事のやり方を可視化し、標準にしていくことです。日本のモノづくりが世界を席巻することとなった品質管理の考え方は「標準化」が基盤になっていました。

そして**標準化でもう1つ大切なことは、一度作ったマニュアルは固定化せず、環境変化に合わせて常に改善、改良していくこと**です。1年たったら内容が一新されているということもあってよいという考え方です。

Key Point
業務の洗い出しとそのリスト化、業務を属人化させないためのマニュアル作り、品質管理の考え方に学ぶ

070

業務プロセス構築のカギ①　顧客の特定

購買の意思決定者と
実際のユーザーは同じか？違うか？

　顧客起点の業務プロセスの出発点は、顧客は誰かを特定することです。例えば、部品メーカーのBtoB営業の場合、買い手側の交渉相手は購買担当になりますが、購入した商品・サービスを実際に使うのは製造部門です。BtoCの場合も購買決定権を持つ人だけではなく、実際のユーザーを満足させる打ち出し方が大事です。例えば、親子で楽しめるテーマパークはお金を払う親だけではなく、子どもの満足度がリピートに大きく影響します。

　東京都心を中心にオフィスビル等不動産業を展開するヒューリックの躍進ぶりには顧客起点が大きく奏功していることが見て取れます。旧・富士銀行の店舗を管理する会社でしたが2008年に業態を変え、都心で中堅のオフィスビルを展開してから急成長を遂げました。

　オフィスビルの賃貸契約の提案先は総務部門になることが多いですが、同社では実際にオフィスで働く社員のために快適な環境を提供する、ユーザー起点、顧客起点のオフィス開発に注力しました。単に無機的なスペースを提供するのではなく、機能的な空間デザインや環境への配慮など、オフィスで働く人たちを幸せにする施策を展開しました。

その思いは日本橋興業という社名をHuman Life Createが元と
なったヒューリックに変更したことにも現れています。

　同じく、野村不動産が2002年に展開を始めた新築分譲マン
ションのプラウドも顧客起点を徹底することでブランド価値を確
立しました。用地取得から販売・管理まですべて一貫して同社が
行い、顧客の入居をスタートラインと考え、独自の会員システム
の提供などにより入居後も顧客を多面的にサポートし、満足度の
向上を図っています。

　**顧客起点とは購入後も満足度が継続し、顧客が企業のファンに
なることを目指すこと**でもあります。

　少し時代を遡りますが、トヨタ自動車が高度経済成長期に国内
で高いシェアを獲得できたのは、家族全員がNOと言わない「誰
にでも使っていただける本当の大衆車」を開発したことが要因だ
とされています。それがカローラです。

　駐車スペースが確保しにくい国土の狭い日本で誰もが満足でき
るファミリーカーとして1966年に発売されたカローラは現在も
トヨタを代表する車種です。

　このように、決裁権を持つ意思決定者と実際のユーザーが違う
ことはよくあります。顧客側のこうした事情は実際に顧客のもと
を訪問して日頃から情報をキャッチしている現場のメンバーであ
るほど、詳細について熟知しているものです。

Key Point

顧客起点とは購入後に満足度が向上し、顧客が企業のファンになるこ
とを目指すこと

071

業務プロセス構築のカギ②　顧客地図の作成

顧客企業の組織図上に
キーパーソンを書き入れる

　欧米企業の法人営業では、社内の関係者が集まって「顧客地図」をつくることがあります。

　「顧客地図」とは、顧客企業の組織図の中に担当者名を記入し、その組織図に自社の支援者、批判者、中立者といった分類や問題人物は誰かを特定していくものです。

　組織図はまず、全体を俯瞰して、部署ごとの関連を見ます。

　そのうえで、**顧客企業のキーパーソンや担当者の社内での権限や影響力のほか、購買の決定部署、購買時期などを記入し、その情報を見ながら営業アプローチを考えるためのツールとして活用**します。

　自動車部品のグローバルメーカーの例ですが、営業担当が社内のエンジニア・購買・経営企画・財務等の関係部署の担当者たちを集め、3カ月ごとに顧客地図をアップデートしています。

　一般消費者を相手にする場合も考え方は同様です。まずペルソナ（商品・サービスのターゲットとなる具体的な人物像）をつくり、お金を払う人だけでなく、実際に使用や利用する人など関係する人たちを列挙し、営業、商品企画、カスタマーサービスがチームを組んで定期的にアップデートします。

「顧客地図」をつくる過程で顧客の課題発見ができ、一方で自社の商品・サービスの特徴や課題を再認識できます。

　ところで、顧客地図をつくるうえで顧客の名刺はとても重要な情報源ですが、業務の効率化に資する名刺管理ソフトにはユニークな機能が装備されたものが登場しています。

　例えば、様々な形式の名刺から読み取った情報をもとに、顧客企業ごとに組織図を作成するというものがあります。営業活動に活用できる便利機能です。ただ、こうした効率化ツールを使うには一考を要します。

　顧客地図の作成を手作業で行う場合、試行錯誤する過程で様々な気づきや知恵、アイデアが生まれます。重要で意義深いプロセスといえます。それを単に効率を求めて自動化するのは、試行錯誤しながら思いもかけない気づきが得られるチャンスを自ら放棄することにもなります。

　DXによりあらゆることが自動化されていきますが、アナログ作業の中には機械では生み出されない価値があることをよく認識したうえで、便利ツールをTPOに応じて活用するのが効率と効果を両立させる秘訣になるのではないかと思います。

Key Point

顧客企業の組織図の中に担当者名を記入し、自社の支援者、批判者、中立者といった分類や問題人物は誰かを特定する

072

業務プロセス構築のカギ③　顧客情報活用の仕組み化

小さな顧客情報が
大きな成果となることがある

　顧客情報には、大きく2種類があります。1つは、顧客の属性や購買履歴です。もう1つが、顧客の潜在的ニーズや商品・サービスへの感想（満足感や不満感など）といった質的な情報です。

　質的な情報は多種多様なことが多く、一見意味がないと思える情報の中に、後々役立つ思わぬ情報が含まれていることがあります。新商品開発やイノベーション、新事業のヒント情報です。営業やカスタマーサービス、コールセンターに入る小さな情報も取りこぼさずデータベース化します。

　ネット通販の先駆者アマゾンは世界最大のクラウドコンピューティングサービスAWS（Amazon Web Services）事業者でもあり、その顧客数は全世界で数百万に及びます。そのサービスの特長は、徹底した顧客起点に基づいた機能性とコストパフォーマンスにあります。

　AWSがリリースされる以前の高性能のクラウドコンピューティングは中小企業には高額で手が出ませんでした。

　そこに目をつけた同社のエンジニアが、小売業の繁忙期の狭間にアマゾンの余剰サーバーを利用してもらうことを提案して実現に至りました。

ところで、ビッグデータの分析技術の進展は企業のマーケティング活動を急速に効率化させました。しかし、革新的なアイデアの想像につながる質的なスモールデータは日常的な活動から得られることが多いものです。その情報をチーム内で蓄積していくことで「使える情報」に変わっていきます。

　このことを考えるうえで、顧客情報を社内で共有し、活用する仕組みを構築している2社の事例を見てみましょう。

　花王では消費者相談室に入った顧客のすべての声を当日中に「花王エコーシステム」というデータベースに入力します。

　この情報はマーケティング、商品企画、研究、生産、消費者相談室、品質保証などの商品に関わる各部門の社員が毎日確認し、商品やサービスの改善・改良に活用されています。

　例えば商品自体のクレームなら、その商品の開発部門の担当者が顧客に直接連絡し、場合によっては訪問して対応します。

　「付加価値の創造が企業の存在意義」を標榜するキーエンスでは営業担当と技術担当が顧客を訪問し、現場を観察して得た顧客の「真の課題」をデータベースに蓄積しています。

　このデータベースをもとに顧客が真に求めるユニークな製品を企画し、「真の課題」解決を実現する仕組みが機能しています。

　このプロセスでは、顧客自身が「真の課題」を発見する支援に注力することで、顧客の問題解決力の向上をも実現することに同社の独自性が発揮されています。

Key Point

質的な情報は多種多様なことが多いが、取りこぼさずにデータベース化しておく

073

業務プロセス構築のカギ④　透明なマネジメントプロセス

属人的なチーム運営では
マネジャーの力量で
チーム力が決定する

　日頃の業務についてその手順や対応方法を構築しておけば、「やるべきこと」と「してはならないこと」が明確になります。

　これをマネジメントとしての立場で一歩進めて構築したいのが、「透明なマネジメントプロセス」です。

　日本企業がグローバルで後れをとった要因の1つが、属人的な組織運営です。これは、組織における役割、意思決定の権限や方法を実力のある個人に委ねる方法です。いわゆる、できる人をリーダーに取り立てて、すべてを任せるというやり方です。

　かつての日本企業にはこうしたできる社員がたくさんいました。指示にすぐに対応し、自ら課題を見つけ、どんどん仕事をこなし、打たれても伸びていく「出る杭」のような人材です。

　1980年代までの、グローバル化以前の日本企業ではこうしたタイプが評価され、出世していきました。

　しかし、属人的な組織運営では、マネジャーの力量によって仕事が進められ、またマネジャー自身がプレイングマネジャーとして活動することが多くなるため、チーム内で情報共有して協力し合う体制とは言いがたい組織になりがちです。

　ここがジョブ型の欧米企業とタスク管理型が中心の日本企業の

大きな違いであり、**欧米企業ではリーダーはチームにとって有益な情報はすべてシェアして誰が何を提案し、どのように決定や実行が行われるかといったマネジメントプロセスがはっきりとメンバーに示されます。**そうしなければマネジャーの役割であるチームの成果を出すことができないからです。

　今後ジョブ型のような働き方が日本企業に広がっていけば、マネジャーはメンバーに対し情報共有のための「透明なマネジメントプロセス」の仕組み化を進めることが必要になります。
　そこで注意することは、チームの目的（最終ゴール）**に焦点を当て、その目的を実現するためにすべき業務の整理です。そして、すべてをマネージするのではなく、マネージすべき本当に重要なことは何かに焦点を絞ります。**
　例えば、チームの目的が「年度予算の達成」なら、予算達成のための計画策定と実行管理のプロセスの中身をメンバーと共有されていなければなりません。
　そのプロセスの中でメンバーはどのように役割と仕事を遂行していくのか、その役割と仕事はスキルアップにどう関係するのか、目的を果たすうえでメンバーとの協働など「やるべきこと」や、倫理面で「してはならないこと」などをチーム内で共有し、マネジメントプロセスの透明化をチーム風土として醸成します。

Key Point

マネジメントプロセスがはっきりとメンバーに示されなければマネジャーの役割であるチームの成果を出すことはできない

074

顧客起点とCRM

CRMの主語は会社であり、「顧客価値の創造」を前提にしていない

　本章の最後に、顧客情報を一元管理し、顧客との良好な関係を構築・維持する目的の顧客関係管理システム、いわゆるCRM（Customer Relationship Management）について補足しておきます。

　マーケティングの世界を中心に広がった顧客と企業の適切な関係性を構築するためのCRMの主な目的は、自社にとっての利益を最大化するための営業プロセスの管理の仕組み化にあります。

　営業担当者の活動履歴、顧客との関係の可視化、受注に至るプロセス（顧客へのアプローチ、提案内容、交渉内容、契約方法等）などのデータを集約・分析し、経営者や営業責任者、財務担当者などが売上向上に資する施策を考える手法です。

　ビジネスを効率化するうえで有益な手法ですが、**CRMは基本的に既存の商品・サービスの販売拡大が目的であり、「顧客価値の創造」を前提にしていない**ことに注意が必要です。

　これまでのCRMは基本的に営業活動を定量的に管理し、商品・サービスの販売を拡大することを目的とした設計になっています。その結果、営業担当者は「自分たちが管理されるツールであり、自分のパフォーマンスには無益」と捉えられて活用が進まないという現実があります。

　「顧客にとっての価値を増大する」ことを目的にするのであれ

ば、CRMは「顧客との関係性のマネジメント」に焦点を当てた、より定性的なデータ（スモールデータ）を構築する設計にすることが重要です。

それには、活動の主語を「会社・商品」から「顧客関係」に転換する必要があります。

成長する企業の条件は、顧客の潜在ニーズを探索し、そのニーズに応える商品・サービスをいち早く開発して顧客が望む方法で提供することです。営業活動の効率を上げ、売上予測の精度を高めようとの会社起点の業務プロセスとは違ったアプローチだといえます。

CRMは売る意識が強く出る手法ですが、**顧客起点の事業で目指したいのは売ろうとしなくても売れてしまうような商品・サービスを提供し、顧客価値の創造になる活動**です。

そのヒントは、行列のできるお店にあるような気がします。

筆者が住む街にそのようなお店があります。昔ながらの鯛焼き屋さん、シュークリームが人気の洋菓子店、新鮮で大きなネタのお寿司屋さん、シチリアから来たイタリア料理店です。

いずれも半世紀を超える歴史があり、ひたすら美味しく値段が安い。質素で地味な佇まいの店舗ばかりですが、宣伝をしなくても地元の顧客に愛されているから人気が長続きしているのでしょう。これこそ、顧客価値そのものではないでしょうか。

Key Point
顧客起点の事業で目指したいのは売ろうとしなくても売れてしまうような商品・サービスを提供し、顧客価値の創造になる活動

トヨタ生産方式

大野耐一著　ダイヤモンド社

　トヨタ生産方式の歴史、背景、運営に関する理論と実践をその生みの親である著者が解説する、製造業における世界的経営のバイブル。「ヘンリー・フォードが自分と同じ時代に生きていれば、トヨタと同じことを行うはずだ」と述べ、「少量生産」を前提にした、人の知恵をベースにする「にんべん」のついた自働化を提唱します。

　ムダな作業の徹底的な排除、必要なものを、必要なときに必要な量だけ造るというジャスト・イン・タイムや、問題の発見と解決の第一歩である現地現物など、その後トヨタウェイとして世界の企業が学び、研究した書としても知られています。

Invent & Wander　ジェフ・ベゾス Collected Writings

ジェフ・ベゾス著　関美和訳　ダイヤモンド社

　アマゾン創業者ジェフ・ベゾス氏が1997年以来毎年書き綴った株主への手紙と、彼の人生と仕事の哲学が語り下ろされています。その中に「Customer Obsession」という用語が登場します。Obsessionとは「執念」とか「強迫観念」という意味であり、なんとも生々しい表現ですが、その真意は顧客第一や顧客志向を概念ではなく、行動で示そうという提言でした。

　ここで紹介される「変わらないものに眼を向けること」「長期を見ること」「インフラをつくること」「心に従うこと」といったベゾス氏独自の原則論はビジネスパーソンの視座を高めるうえで大いに参考になるはずです。

第 6 章

これからのマネジャーの視座

今を変えなければ、未来は変わらない。

五郎丸 歩

「生き残る種とは最も強いものでも、最も知的なものでもない。最も変化に適応できる種こそ生き残るのである。」

　これは生物種の進化におけるダーウィンの言葉として伝わる、変化適応の原則に関する名言です。

　これからのビジネスパーソンは仕事内容や働き方の変化に合わせて自分を適応させていくために、リスキリング（能力の再開発）が重要です。リスキリングと同時に、ビジネス環境が目まぐるしく変化する時代のマネジメントにはこれまでの常識や通念をいったん捨てて、現在そして今後に必要となる基本の型を身につけることも重要です。

　歌舞伎の世界に「形無し」という言葉があります。基本の型がない役者があれこれ演じる滑稽な様子のことです。それに対して「型破り」という言葉もあります。基本の型をしっかり身につけたうえで、それを超越した独特な演技によって新たな型をつくるという意味です。

　まさにこれからのマネジャーは基本の型を身につけたうえで、様々な環境変化に柔軟に適応していくために「型破り」がキーワードの1つになるのではないでしょうか。

　熱血指導がパワハラとされたり、社員旅行はもはや死語と言われたり、残業は仕事が遅い人がするものとされたりと、かつての常識がいまは非常識です。

　そうした時代のマネジメントではこれまでの常識をいったん疑い、状況を直視してその場に適切な答えを自分の頭で考える「型破り」な発想が求められていくのではないでしょうか。

075

「競合との競争」を疑え

成熟した社会では「競争」ではなく、「共創」が成長のカギ

　競争に勝つことは人間の基本欲求の1つですが、**ビジネスの本質は勝つことではなく、顧客、取引先、社員、社会の期待に応えることです。それがパーパス**（存在意義）になります。

　1960年代に飛躍的な成長を実現した日本企業は1970年代のオイルショックを境に成熟期に入り、成長から利益追求にシフトした結果、競合する企業とシェアを奪い合う競争の時代へと変わっていきました。

　ちょうどその頃、ハーバード大学マイケル・ポーター教授の『競争の戦略』（土岐坤訳、ダイヤモンド社）が日本でもベストセラーになったり、世界で1位かそれに次ぐ事業以外は切り捨てるとしたGEの「NO.1戦略」が話題となったりしたこともあり、「市場シェア」「営業利益率」「投下資本利益率」「時価総額」といった当時の勝者の基準が日本企業に浸透していきました。

　これにより、本来なら顧客に向けるべき目が目の前の競合企業や1990年代に台頭したファンドなどのプロ投資家に向けられていきました。

　その一方でGAFAをはじめとする成長著しいIT企業は、他社との競争ではなく、自分たちが価値あるものと信じるサービスを

顧客に向けて洗練させていく姿勢を強く打ち出しました。

ライバルは自分自身の「ありたい姿（＝パーパス）」であり、顧客や社会の課題をいち早く発見し、それを速やかに充足させるために社内および社外との共創で実現していきます。

それを象徴するのがマイクロソフトの変貌です。

同社は2010年代初め、GAFAの躍進により成長が鈍化しました。それまでは強力なマーケティング力を武器に競争に打ち勝ってきましたが、2010年代半ばになるとそれまでの戦略を見直し、「競争はせず、世界のあらゆる企業と協力体制を敷く」「社員は社内での競争ではなく、協力し合う」「ヒーローを称賛しない」と、競争から共創への意識転換を図り、成長軌道を回復させました。

成熟した経済社会では競合に勝つことよりも、自分たちが持つ価値を見つめ直し、その価値が顧客や社会の課題にどう役立つかを考え、足りないリソースは保有する個人や企業の力を借りて共創することが再び成長軌道に乗るカギです。

顧客からすれば、企業が提供する価値が自分のニーズを合わなくなったり、満たさなくなったりしたら「もういらない」と離れていきます。

つまり、「競争に勝つ」から「共創により自社の価値を最大化して顧客や社会に提供する」ことへの意識転換が、先読みが難しい時代に素早く最適化するためのビジネス真理です。

Key Point
「競争」ではなく、「共創」により自社の価値を最大化して顧客や社会に提供する

076

「伝統的な戦略論」を疑え

競争はリソースの損耗を招く。
自社独自の価値を追求する

　「競争」から「共創」に考え方を変えることとは、競合との争いから、自社独自の価値を顧客に提供できる市場や方法を探索するということです。これが戦略の新しい定義です。

　この考えに立つと、PPM、3C、SWOT、4Pといったフレームワークや、コスト優位・差別化・集中のポーター教授の3つの基本戦略等について活用の仕方の再考が必要です。

　日本経済が景気後退局面に入った2000年代初頭、経営コンサルタントの大前研一氏は、欧米からもたらされた競争のフレームワークの多くは20世紀後半の安定成長が見込まれる工業社会の終わりに生み出されたものであり、こうしたものから戦略立案して成長できる時代は終わったと述べられています。

　そこで、新たな戦略の定義が必要になりました。

　戦略の「略」は省くという意味です。

　戦いを省くこと、すなわち敵のいない場所を見つける戦略、例えばブルーオーシャン戦略であれば無用な戦いは省かれ、独創的な価値によって顧客を創造することに専念できます。

　「孫子の兵法」では戦闘をして勝っても兵力は損耗することになるので、戦わずして兵を失わないことが善い勝ち方だとしてい

ます。ビジネスも同じことです。

　**相手が気づかない戦場（市場）や独自の価値をもって自社なり
の攻め方で勝利を収めていけば消耗戦に巻き込まれずにリソース
が温存でき、蓄えられた力を顧客に向けて発揮できます。**

　その好例が、理美容業界にあります。一般的な理容店はカッ
ト、洗髪、ひげ剃り等のサービスで1時間3,000円ほどです。

　そこに、カットだけに特化しておよそ10分で1,000円の新業態
が登場しました。旧来の収益は3,000円/時ですが、新業態では
6,000円/時（1,000円×6人）の低単価高収益が実現されました（一般
的な理容店および新業態のサービス提供時間と料金はその後変動あり）。

　理容店には洗髪やひげ剃りは当然サービスとしてあるという常
識を疑うことからのイノベーションだったわけです。

　顧客との対面営業が常識だった証券業や保険業でネット活用を
いち早く導入した事業者もブルーオーシャン戦略による勝者でし
た。その後、他社が追随してきても、先行者利益により、優位な
ポジションが確保できます。

　ここで重要なことは、**自社独自の強みは何かを深く考え、いち
早く打ち出す**ことです。商品そのものなのか、接遇などの人的
サービスなどなのか、技術力なのか、**独自性のあるものはなかな
か他者は真似できません。それが最大の強みです。**

> **Key Point**
> 戦略の新しい定義は、競合との争いから自社独自の価値を顧客に提供
> できる市場や方法を探すことに変わりつつある

077

SWOT から OTSW

外部環境次第では、
機会と脅威を先に分析する

　自社の強みと弱みを分析し、外部環境の機会と脅威の分析と併せて打ち手を考える SWOT 分析ですが、活用が始まった1970年代当時とはビジネス環境が大きく変わった現在、一概に自社分析から始めると正しい戦略が導けないことがあります。

　なぜなら、自社のリソース等に変化がなくても、外部環境が急変していることが往々にしてあるからです。

　また、DX の進展でビジネスの変化スピードが急速化している状況では、まずは実行してみて、問題があれば実行しながら改善していくアジャイルさ（機敏さ）が大切になります。

　そうした場合、SW［強み・弱み］からではなく、OT［機会・脅威］から始めることが現実的です。外部環境に自社をアジャストしていくという発想です。特に、**顧客起点重視の観点からすれば、顧客を取り巻く状況に合わせて自社の戦略を練るという考え方が大事になります。**

　化粧品業界で考えてみましょう。これはあくまでも実際のケースを単純化したものです。

　2010年代以降、化粧品業界の市場規模は右肩上がりを続け、

コロナ禍が襲う直前まで訪日外国人の需要の高まりもあり最高潮に達しました。そこにコロナという急に現れた脅威により一気に市場が冷え込みました。これに対し、手をこまねいていることはできず、改めて国内需要の拡大を図るべく、化粧品各社は打ち手を考え出します。

その際に注目したのが、オンラインによる接客販売です。それまで化粧品の販売は対面での接客が中心でしたが、コロナによるリモートワークでオンラインに対する顧客の抵抗感が薄れていたことと、ネット販売の普及で居ながらにして購入できることは顧客にとって利便性が高いといえます。この顧客ベネフィットを機会と捉え、各社ともにオンラインでの接客販売システムを整備していきます。

その際に各社は、自社の強みと弱みを洗い出し、顧客にとって最善のアプローチ法を編み出し、独自のシステムへと展開し始めました。

このような緊急事態では、定石通りのSWOTよりも、まずは始めてみるOTSWの流れのほうが現実的です。

SWOTをはじめとするフレームワークは戦略を考える目安ですが、自社のリソースや外部環境の変化により、柔軟にアレンジしていくこともこれからのビジネスではより一層求められていくことでしょう。

Key Point

自社のリソースや外部環境の変化により、フレームワークを柔軟にアレンジしていくことも考慮する

078

How と What から Why

会社からの指示・指導から
なぜやるかを自律的に考える

　これまで述べてきたように、マネジャーの仕事は会社から要請された目標達成のために、マネジャー自身とメンバーの目標を自主的に設定し、それを実現するプロセスの経験を通じて、共に成長を図ることです。

　よって、マネジャーには支援や指導という役割が大切になるわけですが、日本経済が成長期の頃まではどのように仕事をすればよいかを伝える"How"が重視されてきました。その最たるものが、OJTです。メンバーに作業をさせ、必要な指導を行うのが普通でした。

　OJTの始まりは諸説ありますが、1910年代の米国で需要の高まりを受けて多くの作業員が必要になった造船所で未経験者を訓練するために取り入れられた方法が最初だというのが有力のようです。日本では、1960年代に導入が始まったとされています。当時からOJTは「**4段階職業指導法**」が採用され、現在もそれが引き継がれています。その手順は次のとおりです。

　1）**やってみせる**（Show）

　2）**説明して指導する**（Tell）

　3）**させてみる**（Do）

　4）**評価して指導する**（Check）

そして、何(What)をすればよいかを具体的に指示します。メンバーは上長からの指示に従い、業務を遂行していくことになります。その進捗管理のために、多くの会社では朝礼や定例的な進捗報告会議が行われてきました。日報や週報もその一環です。

これらにより、マネジャーは安心感を覚えるわけですが、会議参加や報告書作成のための残業が多いのは、日本企業特有なのではないかと思います。

しかし、働き方改革が叫ばれる時代になると、こうしたやり方は通用しなくなります。

Whatがあまりにも多様になったからです。安定期では顧客開拓や商品開発などの実ビジネスに集中できましたが、現在はコンプライアンス対応、リスク管理、ワークライフバランス、DXスキルの開発、さらにはSDGsやESGといった新たな課題がマネジャーの仕事を取り巻いています。これらにすべてマネジャーが1人で対処していたらパンクするのは必然でしょう。

そこでチームとしてこの問題に対処する必要があるわけです。チームメンバーと共にやるべきことの必然性、つまりなぜそれをやるのかを一緒に考え、マネジャーがやるべきこととメンバーがやるべきことに自律的に取り組むための役割分担です。

Whyから業務を見直し、やるべきことに集中できる仕組みを考え、実行していきます。つまり、選択と集中で合理的に業務を整理し、チームの負荷を適正に保つようにマネジメントするのです。

Key Point

Whyから業務を見直し、各人がやるべきことに集中できる仕組みを考え、実行していく

079

MBO から OKR

目標管理は上意下達ではなく、自主的でなければならない

　自主的目標管理の発展形である OKR(Objectives and Key Results；達成目標と主要な結果)。**OKRの特徴は、会社の経営理念やミッション、全社的な目標に対して自分は何をすべきかを自発的に考えるように促されるため、上意下達ではなく、自律的な目標設定ができることにあります。**

　個人の業績管理が狙いではなく、野心的な目標の実現に焦点が当てられるため、イノベーションと成長のために有益な目標設定手法といえます。

　本来の目標管理はシリコンバレーで創業されたヒューレット・パッカード社の MBO(Management By Objectives and Self-control)にあり、その目的は社員が自ら目標を掲げ、その達成を自ら管理することでした。

　それが経営者自身の目標達成に利用され始め、上意下達でヒエラルキーを通じてトップダウンで経営目標を降ろしていく経営者の道具に変質していきました。ピーター・ドラッカーはそのことに警鐘を鳴らし、目標管理は自主的でなければならないと主張しますが、時代の潮流は彼に味方をしませんでした。

　こうしたなかで自主的目標管理の本来の形を守った会社がインテルでした。

インテルは1980年代に苦境に陥ります。それは主力製品であったDRAM（一時的な記憶媒体）がNECや東芝、富士通などの攻勢を受け、品質と価格の競争力を急速に失ったからです。

　インテルは復活への活路を記憶媒体でなく、CPUというロジック半導体の開発にかけます。そして、社員には野心的な目標を自発的に設定し、自主的に管理することを求めたのです。

　その結果、インテルはロジック半導体の分野の開拓者として完全に復活します。その様子を見ていたベンチャーキャピタリストがOKRと名称を変え、投資先の企業に紹介していきます。その恩恵を享受した代表がグーグルです。グーグルのOKRの特徴は以下の3点です。

- 野心的な挑戦度の高い、簡単には実現できない目的の設定
- その目的を達成するためのKPI（Key Performance Indicator；重要業績評価指標）を定める。ただしKPIをKey Resultsと読み替え、達成するべき具体的な結果を設定する。
- OKRの結果は報酬にはリンクしない。報酬にリンクさせると社員は達成可能な安易な目標設定を行いがちになる。

　3つめの報酬とのリンクを断ち切ることはマネジャーの一存では決められないかもしれませんが、自身とメンバーが野心的な目標に挑戦し、やりがいのある活動をするためにOKRは有益です。

Key Point
OKRは、全社的な目標に対して自分は何をすべきかを自発的に考えるように促されるため、自律的な目標設定ができる

080

PDCAからDCPA

VUCAの時代では
入念に立てた計画が通用しない

　米国の統計学者W・エドワーズ・デミング博士により日本に品質管理の考え方がもたらされてから、PDCAは生産現場を中心に浸透していきました。

　確かに、計画（Plan）→実行（Do）→評価（Check）→改善（Action）という4つのステップを回し続けることで日本企業は品質管理レベルを向上させてきました。

　さらには、オフィス業務の改善や経営戦略の計画・実行にも応用され、マネジメントツールとして広く活用されてきました。

　しかし、VUCA（絶え間なく変化し、予測ができず、複雑で曖昧模糊）の時代に入り、入念に計画したことが根底から崩されることがしばしば発生しました。長期の経営計画が意味をなさなくなったのはその表れです。

　これからさらに不確実な時代の様相が強まるなかでは詳細に計画することよりも、まずは直感を信じて着手（Do）し、様子を確認（Check）してから計画（Plan）づくりを早期に整え、本格的に実行（Action）するという流れの"DCPA"サイクルに思考を変えることが大事になっていきます。

　いわば、試行錯誤を迅速に繰り返すというアプローチです。

また、ビジネスの新陳代謝のスピードが従来とは比較にならないほど早くなっています。

　特に、ソフトウェアなどのプロダクト開発では企業規模の大小にかかわらず、早い者勝ちの様相を呈しています。

　アマゾンやフェイスブックなどに代表されるように、起業家が思いついたアイデアをすぐに事業化して世界を席巻することがいつ起きてもおかしくない時代です。

　こうした時代では、「まず取り掛かる」、すなわち実行です。

　現代のスピード重視のビジネスにおいて、できる人とできない人の差は能力というよりも行動力の違いに表れてきています。

　その時代に取り残されないためには行動力を高めることです。

　これはもちろん、ビジネスの中核管理職を担うマネジャーにも当てはまります。**マネジメント上すべきことをすぐに行動に移すことがチャンスを招き、リスクを回避する**のです。

　そして、チームを安全に運営していくには、関係者が継続的にコミュニケーションを取り合い情報共有し、進行状況を確認し合いながら、日々軌道修正を行うというマネジメントサイクルを回し続けることです。

Key Point

DCPA＝着手→確認→計画→本格始動のサイクルを回し、チャンスを掴み、リスクを回避する

081

顧客起点から顧客執着

顧客起点を行動で示すことで、事業は成長していく

　顧客起点の経営で他社を圧倒する代表的企業の1社が、アマゾンです。すでに本書で紹介した内容も含め、あらためてアマゾンの考え方を整理します。同社では経営理念の4つの指針の第一番めを「お客様を起点にすること」とし、そのことを高らかに標榜しています。そして、「創造への情熱」「優れた運営へのこだわり」「長期的な発想」と経営理念は続きます。

　この姿勢は社員像にも反映されています。全社員がリーダーのマインドを持つために14項目のリーダーシップ・プリンシプルを設定していますが、これもその一番目が「Customer Obsession（顧客執着）」です。同社の公表資料によれば、「顧客執着」とは「リーダーはまずお客様を起点に考え、お客様のニーズに基づき行動します。お客様から信頼を得て、維持していくために全力を尽くします。リーダーは競合にも注意は払いますが、何よりもお客様を中心に考えることにこだわります。」としています。

　Obsessionとは「執着」「こだわり」のほか、「つきまとって離れない」「強迫観念」「異常な関心」という意味もありますが、創業者のジェフ・ベゾス氏は顧客起点を行動で示すためにこの言葉を用いたようです。

行動を起こすには、自身を鼓舞し続ける強烈なスローガンがどうしても必要になります。

　そこでアマゾンにならって、顧客本位を実践するために次のような行動指針を自分自身とメンバーの標語にして、行動習慣にしてみてはいかがでしょうか?

- 自らが顧客になり、自社の商品・サービスを体験せよ
- 調査会社に依頼ではなく、自分たちで顧客に意見を聞け
- 競争企業の顧客対応の良しあしを自分たちで調査せよ
- 顧客の声をすぐに社内のネットにアップロードし共有せよ
- 毎月1回反省会を開き、改善案を見つけて即実行せよ

顧客本位を行動で示していけば、事業は成長していきます。

　その好事例が50代以上の女性向け月刊情報誌「ハルメク」の成功です。同誌は書籍・雑誌市場が低迷する中で年々部数を増やし、2018年の18万部から2023年には47万部と5年で30万部近く販売部数を伸ばしたその背景には、徹底した顧客起点がありました。その最大の成功要因は、読者モニターを組織し、読者の声を雑誌づくりに徹底的に反映させたことにありました。

ビジネスでの成功は、成功法則を見出したら組織が一丸となって徹底的に取り組むことです。

　「ハルメク」の成功はまさにそこにありました。

Key Point
顧客本位を実践するための行動指針を自分自身とメンバーのスローガンにして、行動習慣にする

心理学を学べ

組織における個人を知るために
組織心理学は有益

　心理学は科学です。ところが、日本では文学部や教育学部の中に講座が設けられていることが多いのが現状です。米国と比較すると、心理学を学んだビジネスパーソンは圧倒的に少ないといえます。日本では働く動機などの理解のために人事部員がスキル習得として心理学を学ぶことはありますが、現場のマネジャーが自主的に学ぶということはあまりないのではないでしょうか？

　しかしAIが全盛になる今後、人の機微を人の感覚で推し量る心理学的スキルはこれまで以上に重要になるはずです。

　また、**メンバーの心理的安全性やエンゲージメントの開発というマネジャーとして直接に関わる課題に対処していくうえで心理学の基本知識は必要**です。

　特に**チームマネジメントのうえでは組織心理学を知っておくことは有益**です。組織心理学とは、組織における個人の人間行動やそこから生まれる職場での生産性、個々人の精神的・身体的な健康などをテーマに研究する学問です。コミュニケーションのあり方を考えるうえでも必要な知識といえます。

Key Point
チームマネジメントでは組織心理学を知っておくことは有益

教養を身につけよ

古典を学ぶ習慣が新たな自己発見になる

　ダンテの『神曲』や芭蕉の『奥の細道』などの内外の古典的名著を読み、意見を発表し合う場に日本アスペン研究所が主催する「アスペン・エグゼクティブ・セミナー」があります。

　日本アスペン研究所は、米国コロラド州アスペンで1949年の開始以来毎年開催される人格教育と対話の文明に関するセミナーに触発された富士ゼロックスの会長を務めた小林陽太郎氏が発起人となり、1998年に創設されました。

　「エグゼクティブ・セミナー」では参加者がフラットな関係で意見を述べ議論し、人間性の涵養を図っていきます。

　マネジャーとしての視座を高めるために、「エグゼクティブ・セミナー」の仕組みはとても参考になります。例えば、**マネジャー数名を集めて古典的名著をしっかり読み込み、そこでの気づきを対話し合う輪読会から始めてみてもいいでしょう。**

　他のマネジャーはどんな考え方を持っているのか、自分と他者の意見の違いはなぜ起こるのか、そこからこれまで知らなかった自分との出会いも生まれてきます。

Key Point
古典を読み、対話することから人間性の涵養を図る

グロースマインドセットを習慣にせよ

イノベーションを起こせるのは
実際に行動した者だけである

できる人は他の人とどこに違いがあるのでしょうか?

そもそもの能力やそれまでの経験といった要素が考えられますが、「行動力の差」が大きいのではないかと思います。

例えば、海外留学して語学に堪能になりたい、会社を創って自ら経営してみたいなどと考える人は多いと思います。しかし、**実現できるのは行動した人だけ**です。

「自分はやればできる」「自分にはそれができる自信がない」

この2つがその人が飛躍するか凡庸なままでいるかの大きな分かれ道になるのです。

スタンフォード大学のキャロル・S・ドゥエック心理学教授が著した興味深い本があります。『マインドセット 「やればできる!」の研究』(今西康子訳、草思社) です。この本には、グロースマインドセット (Growth Mindset) とフィックスマインドセット (Fixed Mindset) の2つの心の持ち方が紹介されています。

マインドセットとは、それまでの教育や経験などから形成された個人特有の思考パターンです。そのマインドセットには人により、前向きに考えるグロースマインドセットか、後ろ向きに考えるフィックスマインドセットかに分かれる傾向があるというので

す。

　ドゥエック教授によれば、次の5つの壁にぶつかったとき、特徴的な対応を取るとしています。

	グロースマインドセット	フィックスマインドセット
挑戦	喜んで受け入れる	挑戦したくない
障害	乗り越えるまでやる	障害はどうにもならない
努力	努力すれば必ず成長できる	努力してもどうせ無駄になる
批評	他者の批評から学ぶ	自分への批評は聞きたくない
他者の成功	他者の成功を刺激にする	他人の成功は脅威である

　よく知られる「コップの水理論」では半分しかないと考えると諦めの境地になりますが、まだ半分あると考えると挑戦意欲が湧き、イノベーションが起きやすいとされます。

　同様に、**グロースマインドセットへの意識を強くすることで、自主性やチャレンジ精神が発揮しやすくなります。**

　第2章で触れた『風姿花伝』の世阿弥の言葉「初心忘るべからず」も初心とは始めたときの技のレベルであり、そこを起点としてどれだけ成長できたかを自省するための箴言です。

　人はマインドセット次第で良くも悪くも変わります。それならば是非にもグロースマインドセットを習慣にすることです。

Key Point

グロースマインドセットへの意識を強くすることで、自主性やチャレンジ精神が発揮しやすくなる

085

ミッションは心で考えよ

売上や利益ではなく、人間の幸福から考えてみる

　会社の経営方針をスローガンとして表すのがMVV、つまり「ミッション」「ビジョン」「バリュー」です。ミッションとは会社の使命・目的、ビジョンは会社のありたい姿や方向性、バリューは会社が持つべき価値観や行動指針です。この3つを言語化し、社内で共通認識を持つことが組織が一丸となって事業を進めるには重要であることをドラッカーが著書で述べていることをはじめとして、多くの企業でMVVは重視されています。

　このうち、ビジョンは将来の会社の方向性を表わし、バリューはその方向に向かうための行動指針であり、それに基づき会社は戦略を達成していきます。つまり、IQの力を使って頭で考えるものです。それに対してミッションは「心で考える」ものという感があります。世の中のために自らの役割を達成する動機になるものです。

　宅急便がない時代、小さな荷物は鉄道や郵便の窓口まで持っていかないと送れない。窓口に行くにも遠くて簡単には行けない困っている人のために小荷物を取りに行って送り先に届けるという社会課題に取り組んだヤマト運輸。

　引越し先には新しい靴下に履き替えて作業したり、女性向けに女性だけのスタッフで作業したりするサービスなど、顧客起点で

利用者の不快や不便の解消を業界全体に広げることになったアート引越センター。

　ミッションとは、世の中の不便や不満などを自らの体験を通じて何とかしたい、困っている人の役に立ちたいという思いから生まれるものでもあります。

　実体験のない想像上のミッションは、いわば乾いた事業計画から導かれる自社を益するための目的にしかなり得ません。売上〇〇億円企業になる、業界最大手になるなどを目的とした経営方針からは本来的なミッションは生まれてきません。

　改めて言います。ミッションは心で考えます。

　この思いはチームを預かるマネジャーにはとても重要なことです。**事業とは単に儲けるだけではなく、世の中の課題解決を図ることだとの思いをチーム内に蔓延させることがメンバーの仕事に取り組む方向性を明らかにし、そこに向けての行動指針はどうあるべきかを自ずと考えるきっかけになる**からです。

　社会が成熟していくほど、マネーの原理ではなく、心の原則が働くことの価値観を高めていくものです。現代はそうした時代であり、今後さらにその傾向は強くなっていきます。

　そうした時代のマネジャーは事業を売上や利益などの数字だけではなく、社会貢献という人間の幸福という視点でも捉えることが極めて重要になっていくはずです。

Key Point

ミッションは「心で考える」ものであり、世の中のために自らの役割を達成する動機になるもの

086

大きな課題に目を向けよ

自部門の価値創造だけではなく、全社的な課題にも目を向ける

　マネジャーはメンバーに改善提案や商品開発など、ことあるごとに価値創造を促しますが、そう言うマネジャー自身がその取り組みに率先して携わることがメンバーを動かすことになります。「まず隗より始めよ」です。

　そのうえで、自部門に限定した価値創造だけではなく、**自部門にも関わる全社的な価値創造にチャレンジしていくことがその後のマネジャー自身のキャリア開発に大きく奏功**します。

　ここでは、現場のリーダーが率先して会社の課題に関わり、会社の成長に貢献した2つの事例を見てみましょう。

　1990年代初頭、日本はバブル崩壊と円高により、多くの企業が経営悪化の危機を迎えます。トヨタもその1社でした。その危機に対処するべく各部署ごとに活動を展開しますが、部署単体で取り組むにはあまりにも大きな課題から、組織を超えた業務遂行体制や既存業務の見直しが求められました。

　そこで、現場をよく知る人材を時限的に招集して経営企画部付とし、将来につながる業務改革と人材活用を図る仕組みとして、1993年に「BR(Business Reform)組織」を創設しました。

　BR組織は、会社の戦略、経営の仕組み、人と組織、あらゆる

分野で問題を発見し、プロジェクトを組成し、解決する取り組みです。初年度は事務部門から取り組み、1994年からは生産部門以外のすべての部門で展開していきます。

プロジェクトメンバーの名刺には「BR」というロゴが刷り込まれ、会社を代表して課題に取り組むスタッフの一員であることが内外に明示されます。

当初取り組んだプロジェクトのテーマは、①直近の収益対策と円高対策、②業務およびマネジメントシステムの改革、③中長期政策・戦略の立案の3つでした。

そして活動目標を既存業務の「30％削減」とし、対象組織では人員の2割がBRに集中し、残りの8割で既存業務をまわすことになりました。

BRは現在も活発に活動を続けています。BRは既存組織から人員を専従させるため、残った人員が既存業務をいかに効率的にまわしていくかという課題に大きな効果を挙げています。それが同社の成長を支える変革ドライバーとして機能しています。

もう1社の事例はソニーです。ソニーは2010年代初頭、エレクトロニクス産業の構造変化の煽りを受けて厳しい経営状況に陥りました。そこからの復活のカギとなったのがSSAPでした。

SSAPとはSony Startup Acceleration Program の頭文字から命名された取り組みであり、2014年頃にスタートします。

当時のCEO平井一夫氏は著書『ソニー再生』（日本経済新聞出版）の中で当時の様子を次のように述べています。

「やる気や野望にあふれた社員たちにとって、ソニーが息苦しい場所になってはいまいか。このまま放置してしまえば、こうい

う人たちから会社を離れていってしまう。優秀でやる気のある人達に、ソニーが愛想を尽かされてしまう。これは早急に手を打たなければならい。…（中略）…そんな時、私のスタッフであるCEO室を通じて、まさに『ボトムアップ』の提案が持ち込まれた。社内の新規事業のアイデアを集めて事業化を支援する新しい仕組みを作りたいのだと言う。早速、提案者に説明に来てもらった。それが小田島伸至さんだ。本社の事業戦略部門に属していた当時30代のスタッフで、部署ではもっとも若手だった。」

　このときの改革リーダー小田島氏は赴任先の欧州で300億円規模の事業を成功させた実績をもとに本社の戦略スタッフに異動となるものの、赤字続きのソニーをどう立て直すかの難題が待ち受けていました。

　その状況の中で気づいたのが、既存事業の黒字化を急ぐあまり、会社を再生させるための新規事業に全くリソースが振り向けられていなかったことでした。それまでのソニーは松下幸之助氏をして「モルモット」と言わしめたように、実験的に新しいものを創ってきた会社です。

　常に新しい分野を開拓してきたソニーになぜ新規事業のテーマが生まれないのか？

　その答えを求めて、1カ月で100人の社員と対話したところ、当時のソニーの社員には新事業をつくる気概と仕組み、そして行動力が弱いことが見えてきました。

　そこで、弛まず新規事業を創出する世界中の企業をベンチマークすることにあわせ、挑戦的に新しいことを生み出してソニーの繁栄を築いた多くの先輩からかつての強みを聞き出すなどして、

ソニー独自の新規事業および起業をスピーディーに立ち上げる仕組みをSSAP(Sony Startup Acceleration Program)として構築していきました。現在では、SSAPはソニーだけでなく、様々な企業にも導入が広がっています。

こうしてソニーは再びクリエイティビティあふれる企業として再生することになったわけですが、その起点が1人の現場のリーダーです。

ソニーのかつての強みを取り戻すために多くの社員と対話し、OBからの意見を拝聴し、真の課題を発見していったその行動力は、マネジャーのキャリア開発という点で参考になるのではないでしょうか。

本項の初めに述べたように、**マネジャーは自チームの課題だけではなく、全社的な課題にも目を向けなければなりません。それも中核管理者であるマネジャーの役割です。**

マネジャーは広い視野からビジネスを俯瞰し、そこからいち早く課題を発見し対策を講じることが求められます。

それまでのプレイヤーとチームを預かるマネジャーとの違いにはこうした視座の高い視点や思考があり、その姿勢は意識しなければ身につきません。

Key Point

自部門にも関わる全社的な価値創造にチャレンジしていくことがその後のマネジャー自身のキャリア開発に大きく奏功する

087

デジタル思考×アナログ思考

合理的に判断するデジタル思考と発想を豊かにするアナログ思考

問題解決や意思決定のスキルの重要性が高まったことで、物事を数値化し、論理的に判断するデジタル思考が「できるビジネスパーソン」のスキルとして重視されるようになりました。

デジタル思考は数値や事実に基づいて客観性が高く合理的に説明や判断がしやすい反面、感情を考慮しないことで人間関係を軽んじるリスクもあります。

そのデジタル思考の対極にあるのが、アナログ思考です。これは、未知の状況に遭遇したとき、自分の既知や経験から類似性や共通点を探り、そこから現状を解釈し判断する思考法です。

端的に言うと、**アナログ思考とは過去に起きたことや現在起きていることから現場でこれから起きることを判断したり、想像力や創造力を使って多面的に意思決定したりする思考法**のことです。

あいまいな部分を残すことにもなりますが、発想の幅は広がります。

近年のビジネス界では、論理的なフレームワークを使って的確に判断するデジタル思考がもてはやされてきました。

しかし、今後AIなどによりさらなるデジタル化が進展していくなか、その反動として人間の感情や個性的な発想に基づくアナログ思考が重視されてくると言われています。

　デジタル思考は様々な意見や事実を絞り込んで「イエス」「ノー」を判断するので答えは1つになりますが、アナログ思考は多種多様な意見やアイデアをどんどん広げていくことで答えは1つとはならない、つまり可能性を広げることにつながります。

　もちろん、物事を合理的に判断することは大事です。
　同時に、合理性だけではない、様々な仮説を見出す類推性（アナログ）がそこに加われば、よりユニークな発想ができるようになります。
　働きやすい職場の条件の1つが、意見を出しやすい環境であることです。すなわち、心理的安全性が常態化されていることです。

　多様な意見が忖度なく飛び交う職場づくりのためにも、デジタル思考偏重の職場ではなく、アナログ思考も重視することに配慮できるマネジメントを実践していきましょう。

Key Point

デジタル思考偏重の職場ではなく、アナログ思考も重視することに配慮できるマネジメントの実践

088

パワーポイントに頼るな

見栄えの良い資料作成のこだわりが無駄の温床になる

　パワーポイント（パワポ）は、デザインセンスがなくても、見栄えのよい資料が短時間で容易に作れる利便性があります。

　しかし、アマゾンの経営会議ではパワポ資料での報告が禁止されているそうです。元アマゾンジャパンの佐藤将之氏の著書『amazonのすごい会議』（東洋経済新報社）にその理由は、要点だけを箇条書きにしたパワポ資料だとその行間の読み方に人それぞれの解釈が生じる恐れがあるからということが述べられています。

　確かに、会議の議事や提案事項の羅列だと、口頭説明があって初めて内容がわかることもあります。

　パワポそのものに責任はありませんが、**パワポで資料を作ること自体が仕事になってしまうと本末転倒**です。

　また、同書によれば、アマゾンではその代わりにワードで6枚を上限に文章で構成された資料を参加者は読み込み、その後議論が行われる方式をとっているとのことです。

　世界的な消費財メーカーP&Gも提案書などはA4用紙1枚にまとめるカルチャーがあります。**A4・1枚にすることで重要なことだけに集中する習慣が身につく**そうです。トヨタ自動車の問題解決手法で使われる資料作成が横形式のA3・1枚にしているのはこれと同じ理由なのかもしれません。

筆者が米国石油メジャーのコンサルティングを行ったときのことです。この会社の経営幹部への報告会用資料は「ワードで最大3枚まで。できれば資料なしで口頭説明だとよい」と言われたことがありました。当時のCEOの方針で、「パワーポイント禁止令」が出ていたからです。

　パワーポイントはデザインや色使いに必要以上にこだわるうえ、枚数も膨らみ、無駄な時間の増大の元だということでした。

経営トップに重要ポイントを数十秒で説明する「エレベータートーク」のように、要点をまとめて伝える技術は生産性向上だけでなく、集中力を磨くうえでも有効です。

　また、ある企業再生のプロが言ったことですが、再生の対象になる業績不振の会社には共通して分厚いパワポ資料をつくる習慣があるそうです。その背景を掘り下げてみると、官僚的なヒエラルキー組織が生んだ、形式重視主義の悪弊だということでした。

　会議資料は情報の共有や記録のためのものです。目的がはっきりしないのなら、そもそも資料は必要ありません。

資料作成に限らず、漫然と続けられていることがあれば、その意味を問い、不要なら即刻廃止して無駄な時間を排除するのがチームの責任者の仕事です。

　そのうえで必要なものはいかに作成や報告をする人の労力を減らし、求める成果を出せるのかを考えて作ることです。

Key Point

会議資料は情報の共有や記録のためのもの。目的がはっきりしないのなら、そもそも資料は必要ない

089

100％の完成度を目指すな

売上の80％は、
20％の顧客が生み出している

「**80：20の法則**」は19世紀に活躍したイタリアの経済学者であるヴィルフレド・パレートが発見したことから、「**パレートの法則**」とも呼ばれています。

パレートは所得の分布が国や時代によってどのように変化するのかという研究を行い、所得のデータを統計的に分析し、**富の80％は人口の20％の人が保有する**という普遍的な法則を1896年に発表しました。パレートの法則は経済学だけでなく、ビジネスの世界でもよく見られる現象です。例えば、

- 売上の80％は20％の顧客が生み出している
- 売上の80％は20％の商品が生み出している
- 売上の80％は20％の社員が生み出している
- 故障の80％は特定の箇所の20％に原因がある
- プログラムの処理にかかる時間の80％はコード全体の20％の部分である

このことはビジネスパーソンの生産性にもいえます。作業の成果の80％は投入時間の20％で生み出されるということです。

この法則を前提にすれば、生産性を上げるためには選択と集中がカギになります。

すなわち、100%の完璧を目指すべき作業とおおよその成果で合格とする作業を分けることです。

　筆者がマッキンゼー勤務時代のことですが、あるマネジャーの社内報告での出来事がいまだに印象に残っています。

　社長報告の当日午前、彼は分析データと報告内容についてメンバーとの議論を行っていて、報告書ができていませんでした。

　私は報告書ができていないことが心配になり、そのことをマネジャーに訴えましたが意に介しません。「きれいな報告書はいらない。誤字脱字もOK、その場で直せばいい」と言い放ちました。普通なら、社長への報告書はきれいで完璧、となりますが、彼は中身が命だと考えていたのです。

　その後の報告では、要点を記しただけの報告書を配付し、明快な口頭説明で難なくその場をやりきりました。

　日本の職場は社内報告でも完璧を目指したがりますが、実際には8割方の出来で問題ないことが多いのです。

　要は、求められていることがきちんと果たせられているか、つまり期待されている目的が達成できていれば良いということです。**形式に意識を向けるのではなく、実質に集中することで無駄な時間を大幅に省けるのが日本の職場**です。

　形式的な作業は圧縮して、優先度の高い業務にその時間を充てることが本来の仕事のあり方です。

Key Point

100%の完璧を目指すべき作業とおおよその成果で合格とする作業を分ける

090

「こだわり」を持て

顧客の声をすべて受け入れれば、味気のないものになる

　顧客起点は徹底すべきですが、注意することがあります。顧客の声を聞くと言いつつも、すべてを顧客の言いなりになっては、味気ないものになる恐れがあるということです。

　顧客の要望を詳細に聞きながらも、企業としてのこだわりを捨ててはなりません。広辞苑に「こだわる」にはいくつかの意味が記されています。そのうちの1つに「些細な点にまで気を配る。思い入れする」とあります。

　顧客の些細な声をも漏らさず、とことん要望を追求する姿勢を強く持ちながら、顧客のベネフィットを満たすことができる、自社ならではの思い入れをすることがとても大事です。それが自社独自の優位性になります。

　アップル創業者のスティーブ・ジョブズ氏はこだわりを製品にする天才です。彼は1985年にアップルのCEOを経営手腕がないことを理由に事実上解任された年にルーカスフィルムのアニメーション部門を買収しピクサーを設立。コンピュータグラフィックの世界で活動しますが、1996年に倒産寸前のアップルに復帰します。

　その翌年に暫定CEOとなり、社員に向けた最初のタウンホールミーティングで語った言葉が「アップルはなぜ低迷しているの

か。答えは単純だ。製品がダサい！」でした。そして多くの事業を切り捨て、PCとOSに特化することになったのです。

このとき、特にシンプルで差異化したデザインへのこだわりは尋常でないものがありました。その代表作が、初代iMacです。内部が透けて見える半透明な筐体デザインで、デルコンピュータやコンパックなど当時の新興メーカーの機能性を重視した製品とは異次元の製品でした。そのこだわりが、音楽プレイヤーiPod、タブレット型コンピュータiPad、スマートフォンのiPhoneに引き継がれていきます。

顧客起点を追求しながら、こだわりを捨てないことで事業を強くしていった経営者は日本にも多く存在します。

ソニー・コンピュータエンタテインメント勤務時代にプレイステーションを誕生させた久夛良木健氏は製品の中の部品のデザインからロゴにも自身で手をくだしていたこだわりについて、元ソニー社長平井一夫氏の著書『ソニー再生』（日本経済新聞出版）にそのことが記されています。

顧客の言いなりではパーパス経営は成立しません。パーパス経営は社員の意志の尊重の上に成り立つからです。

顧客の言い分をよく聞き、いかに顧客満足を実現するかについてアイデアを絞る。これが、顧客の想いと自社（自分）の想いを両立させる仕事の基盤になるのです。

Key Point

こだわるとは「些細な点にまで気を配る。思い入れをする」

091

採用に重点的に取り組め

採用は人事ではなく、現場マネジャーの仕事

　終身雇用が前提だった高度成長期・安定成長期までの日本企業の伝統は人事部が新卒の学生を定期的に一括採用し、人事部が配置にも責任を持つというものでした。

　しかし、近年では専門知識、ノウハウを持つ人材の中途採用が進んでいます。中途採用の場合は募集するポストもあらかじめ決まっているので、面接は人事部員だけでなく、関係する部署のマネジャーも参加するケースが一般的です。こうした場合、マネジャーの採用スキルが問われます。

　また、人事政策の一環として社内公募を制度化するケースも増えています。この場合、応募対象になる部署のマネジャーも面談に参加します。

　このように、**これからのマネジャーは採用に主導的に関わることが一般的になっていきます。**その際の主なポイントは次のとおりです。

- **職務要件を明確にする**：仕事の定義をしっかりと行い、詳細を説明できるようにする。
- **職務の魅力を明確化する**：その職務を通じて獲得される能力や職務の遂行を通じて誰に貢献し、どのようなやりがいが得られるのかを説明できるようにする。

- **能力要件を明確化する**：職務遂行に必要な能力を明確化し、説明できるようにする。
- **アセスメントを行う**：応募者の経験、コンピテンシー、性格や仕事に取り組む動機を観察し、評価する。
- **勧誘する**：優秀な応募者に対しては入社を決定するドライバー（企業文化、報酬、働き方の希望など）を確認する。
- **人事スタッフと協力してインパクトのあるオファー**（内容とスピード）**を行う**

　中途採用が一般的である海外の企業では、採用はマネジャーの重要なスキルになっています。

　上記の項目は面接側の採用スキルのポイントですが、面接の現場では相手をよく知るための質問の内容と仕方のほか、受験者がふだんどおりのリラックスした態度で受け応えができる雰囲気づくりがとても重要です。緊張のあまりその人の能力が十分に聞き出せなかったりすることがよくあるからです。

　また、採用面接では多くの場合、能力以上に「人柄」が重視されがちです。もちろん、メンバーとの協調性を鑑みて、チームの雰囲気を崩さない人柄は採用条件の大きなポイントになりますが、**チームに必要な仕事のスキルを持つ人材かをしっかり把握するための質疑応答が面接者のスキルとして、とても重要**です。

Key Point
面接の現場では相手をよく知るための質問の内容と仕方のほか、受験者がリラックスできる雰囲気づくりがとても重要になる

アウトソーシングを考慮せよ

採用の実務と同様に、外部委託の実務も必要になる

　アウトソーシングが日本のビジネス界で本格的に始まったのは1990年代でした。そのきっかけは1989年にセブン-イレブン・ジャパンが野村総合研究所に情報システム機能の委託を始めたことでした。以来、情報システムをはじめとするバックオフィス業務などで導入が進み、現在に至ります。

　アウトソーシングは経営レベルの話というわけではありません。そもそもアウトソーシングとは、①専門人材の派遣による業務補助、②製作など特定業務の運用代行、③企画・開発業務の委託、④企画から運用まですべての業務プロセスの委託を外部に依頼することです。今後、生産年齢人口の減少などにより労働力不足が大きな経営課題になると言われていますが、チーム運営上、マネジャーにはアウトソーシングでこの課題に対処することが今以上に求められるようになってくるでしょう。

　そのために、**まずは他社や他部門を参考にしながら現場レベルでのアウトソーシングの現状を把握し、どのような外部業者があり、どのように委託すればよいか等を考える準備は必要**です。

Key Point

他社事例を参考に外部業者の把握や実際の進め方等を準備する

オープンイノベーションを考慮せよ

社内外のリソースを取り入れることで効率的にイノベーションを生み出す

　社内外のリソースを取り入れて効率的にイノベーションを生み出すオープンイノベーションは新たな技術・商品・事業を他の企業と共同して開発し、スピードの向上やコストの低減、売上の拡大を目的にする取り組みです。

　アウトソーシング同様、これも経営レベルの取り組みから始まりましたが、現場レベルでも**業務の効率化とイノベーションの創出のために、マネジャーが率先して社内の他部門や同業他社との提携などの仕掛けをしていくことは仕事の幅を広げると共に、自己成長の実現にもなります。**

　このとき、自チームと協力者すべてがその成果を享受できるようにすることが大切です。足りないところを借りるというのではなく、借りることで自分や相手にどんなメリットがあるかを想像しながら最終ゴールを見据えて最適な協力者を選択します。

　これからのビジネスのキーワードの1つが、自前ではできないことを他者とつながることで実現するダイナミックな「アライアンス」です。

Key Point

自チームと協力者すべてがその成果を享受できるようにする

ChatGPTを使いこなせ

AIの作業結果の検証は 人間の審美眼で検証する

DXに関するスキルが現場レベルで磨かれていくと、業務の効率化は現在では想像できないほどのスピードで進んでいきます。実際、ChatGPTが実用化されて以来、報告書作成等身近な業務の効率化が進んでいます。

ChatGPTはウェブ上に存在する大量のデータを組み合わせ、人間がアリゴリズムを提供しなくてもコンピューターが最適な組み合わせを想定し、回答を出すというものです。

この技術の実用化で、これからのマネジャーは過去のデータを集め、分析し、そこからパターンやトレンドを推測し、レポートを作成するという機械的な作業から解放されます。

ただし、ChatGPTは誤った情報を生成することが課題に挙げられているように、すべてお任せするにはリスクがあります。

ChatGPTの限界をよく理解したうえでその機能を使いこなし、出てきた回答を人間の審美眼で検証することがDX化されていく今後のビジネスではきわめて重要になります。

Key Point

ChatGPTの限界をよく理解したうえでその機能を使いこなし、出てきた回答を人間の審美眼で検証することがきわめて重要

グローバルな視座を持て

小さな出来事が大きな出来事に発展する

　今の仕事は国内だから海外のことは無関係と考えるのは大きな間違いです。皆さんの日本での仕事や生活は海外での出来事によって大きな影響を受けているからです。

　コロナ禍が最初に発生したのは中国の武漢です。このとき、多くの日本人が中国での出来事だと傍観していましたが、それがわずか数か月後に一気に日本を襲いました。ロシアのウクライナへの侵攻は半導体のサプライチェーンを破壊し、エネルギーと食料の国際価格を押し上げたことで、長い間低く止まっていた日本の消費者物価を上昇させることに影響しました。

　バタフライ効果は「南米アマゾンの1匹の蝶の羽ばたきがテキサスで竜巻を引き起こす」ことの例えから、小さな出来事が予想外の大きな出来事に発展することを意味する言葉です。

　少子高齢化が進む日本のビジネスは様々な業種が国外に進出していきます。その流れの中で**自分のビジネスやこれからのキャリアが国外の状況にどのように影響されるのかを考えることは、ビジネスパーソンとしての視座を高めることになります。**

Key Point

自分のビジネスやキャリアと国外の出来事との関連を考える

プレスリリースは自ら書け

自社を客観的に伝えることで ユーザーを深く考えることになる

プレスリリースはテレビやSNS等のメディアに取り上げられれば、少ない費用で大きな告知効果が期待できるため、従来以上に企業の広報部門にとって重要な仕事になっています。

そのために、自社を客観視して伝えたいことを端的に整理し、伝えたい相手にわかりやすく伝える技術が必要です。これは、自社とユーザーとの関係を深く考えるうえでとても有効です。

そこで、広報部門にリリース作成を依頼するのではなく、マネジャーが自分で書いてみることを推奨します。良いプレスリリースを書くための視点を以下に記します。

- **一次情報**：まだ未公開の訴求相手にとって有益な一次情報を脚色なく端的に記述する。
- **事実を正しく**：時間や場所、名称は正しく書く。
- **意見ではなく事実**：自分の思いを伝えるのではなく、事実を淡々とわかりやすく書く。
- **箇条書き**：事例や事実を羅列する場合などは箇条書きを使う。

Key Point

自社を客観視して伝えたいことを端的に整理する

イマジネーションを失うな

オフィスにこもってばかりでは、新しいことは生まれない

電気・電子機器計測メーカーとして米国で誕生し、PC・サーバー・プリンター等の分野で世界第1位のシェアを築いたヒューレット・パッカード社には **Management by wondering around** という言葉が伝わっています。歩き回る(Walking around)のではなく、いろいろと探し回る(Wondering around)ことがマネジメントでは大事だということです。

また、海外のビジネスパーソンとの会話の中で、しばしば聞くのが **Office is the most dangerous place** です。社員が定時に出社し、退社時間が来れば帰宅するというルーティンを続けていると変化に対応できないということです。そうなると問題の発見や機会の発見に疎くなり、組織の創造性が失われていきます。

また、Whale にも注意が必要です。Whale とは鯨ではなく、**Working Hard And Learning Ended** の頭文字です。一所懸命になって仕事だけに邁進した結果、新たなスキルを身につけることのない、オフィススペースを占有するだけの管理者を生んでしまうことを揶揄する言葉です。

Key Point
淡々と仕事をこなすだけでは、想像性や創造性が枯れていく

事業創造を役割に含めよ

0-1でアイデア発想し、
1-10でプロトタイプで試行し、
10-100で本格稼働する

　ビジネスパーソンとして飛躍的に成長するには、事業創造の経験はとても有益です。まずは、以下に示す事業創造3つのステップのうち、ステップ1の事業のアイデアを自己の役割として取り組んでみてください。

　ステップ1（0から1へ）：顧客課題等を起点にして無から有を生み出すアイデア発想の段階。

　ステップ2（1から10へ）：ステップ1のアイデアの中で付加価値を生む可能性、すなわち事業機会を発見して実際に事業化に取り組む。この段階ではリーンスタートアップを行う。

　リーンスタートアップとは、必要最小限の人員とコストで短期間のうちにプロトタイプをつくり、想定ターゲットに試用してもらいフィードバックを得る製品開発手法。試作品で市場の反応を見るための無駄のない（lean）アプローチ。

　ステップ3（10から100へ）：製造業では量産の段階に該当する。この段階でプロジェクトは終了し、事業部などとして組織化され、本格的な運営がスタート。

Key Point

キャリア開発のためにも事業創造のステップ1を自らの役割にする

経営者ではなく実業家を目指せ

所与のリソースの効率運用だけでなく、価値創造につながる活動にも注力する

　20世紀の終わりと共に、投資家の資金を効率的に運用し株主のために働く20世紀型経営者の時代が終焉しました。それに代わって今後は実業家による経営が発展していきます。

　実際に米国ではGAFA、日本ではファーストリテイリング、ソフトバンク、ニトリ、アイリスオーヤマ、ニデック、キーエンス、楽天、リクルートの経営者は純然たる実業家です。

　また、伝統企業でもダイキン工業、信越化学、テルモ、中外製薬は実業家としての力量を示す経営者がリーダーシップを取り、日本経済が芳しくない状況でも成長を実現させています。

　実業家とは、株主の資金をもとに、社員・顧客・社会・行政等の様々な関係者に価値創造で貢献する存在です。

　マネジャーもこの考えに従い、会社から与えられたリソースを効率良く運用して粛々と計画を実行するだけでなく、そのプロセスにどんな価値を創造していくかをイメージすることが極めて重要になっていきます。**常に価値創造することを習慣にすることでユニークなアイデアが生まれてくるはず**です。

Key Point

価値創造の習慣化が実業家マインドを育む

評価よりも評判を大切にせよ

業界でその名が知られるような評判となる市場価値を目指せ

マネジャーは自身が上司から受ける「評価」も大事ですが、周囲からの「評判」がそれ以上に重要です。

評価は、通常は1年間の成果が対象です。これに対して評判は様々な人からのそのマネジャーの印象です。これには良い人間性のような好意的な評判や仕事ができる人といった能力への評判などがあります。

これからのビジネスキャリアを発展させていくには、社内での評判に加え、市場価値という評判を高めることも必要です。市場価値を高めるには、まずは能力において実績を積み重ねていくことですが、凡庸な実績ではその他大勢に埋もれるだけです。

市場価値というからには業界でその評判が高い、他社の人にもその名が知られているというのが基本的な姿です。

例えば、「新規事業で数々の実績のある」とか「ヒット商品の開発者として知られる」というようなその人を象徴する形容詞がつくような実績や能力が示せるレベルであることが条件になります。

Key Point
その人を象徴する形容詞がつくビジネスパーソンを目指す

利己的な遺伝子

リチャード・ドーキンス著　日高敏隆／岸由二／羽田節子／垂水雄二訳　紀伊国屋書店

　オックスフォード大学の教授を務めた著者が1976年に刊行したロングセラーです。人間を含むすべての生命体の遺伝子は種の保存を目的に存在しており、そのために弱肉強食の戦いを続けているのであり、人間も例外でないというシリアスなテーマを投げかけます。

　人間も企業も自然法則に従えば、自分の利益を追求することになると現在の世界の問題をいみじくも予見しています。

　利他の精神、顧客志向のマインドを持つことの難しさを思い知らされると同時に、強烈に意識しなければ他者への思いは強くならないことも考えさせられます。

生き方　人間として一番大切なこと

稲盛和夫著　サンマーク出版

　「豊かなはずなのに心は満たされず、衣食は足りているのに礼節に乏しく、自由なはずなのにどこか閉塞感がある。やる気さえあれば、どんなものでも手に入り何でもできるはずなのに、無気力で悲観的になり、なかには犯罪や不祥事に手を染めてしまう人もいます。」と冒頭で今の日本を憂い、「人間は何のために生きるのか」と読者に問題提起します。その答えの1つが、人それぞれに生きる「哲学」を持つこと。

　利他の心で生き、日本だけでなく世界中のビジネスパーソンの仕事観、人生観に影響を与えた著者の教えは人をまとめる立場の方々に大きな示唆になるはずです。

おわりに

　この本を書き上げる最終段階で嬉しいニュースが入りました。それは20世紀後半の「経営者の時代」の到来を先取りし、トップ経営者を支援する巨大なグローバルコンサルティングファームを築き上げたマッキンゼーのコンサルタントが "Power to the Middle : Why managers hold the future of work" を出版したことです。同書ではこれからの企業の未来を決めるのは第一線のマネジャーであり、経営者の仕事は彼らのパワーを解放することだと述べられています。

　多くの企業のマネジャーはプレイヤーとしての役割が期待され、ルーティンのタスクに忙殺されている。企業は最も価値ある人材層を無駄にしていることを様々なリサーチの結果として示し、1人の偉大な経営者ではなく、ミドルマネジャーを企業の中心に置くという企業運営のパラダイムシフトの必要を主張し、7つの指針を提案しています。その要諦は以下のPower to the middle（ミドルマネジャーに力を）です。

1．マネジャーのポストはキャリアの通過点としてではなく、自己開発の到達点にする
2．仕事を減らすのではなく、仕事を創造する
3．21世紀の人材獲得戦争に勝つ
4．業績の評価者ではなく、永遠のコーチになる
5．管理者から問題解決者になる
6．タレントマネジメントの低迷を破る

７．仕事の管理者からインスピレーションの管理者になる

　私は「中核管理職」という言葉を日本で初めて使い始めたビジネスパーソンの１人だと思います。多くの企業の経営者やマネジャー、社員の人々と会話し、日本企業の成長力復活の生命線は第一線のマネジャーが中核管理職として活躍することにあると唱えてきました。

　しかし、道半ばの歩みを続けています。その意味で海の向こうから突然、強力な援軍を得た思いです。勇気をもらいました。

　本書『マネジャーの仕事100の基本』は2022年秋に着想し、取材を始め、多くの皆様と会話をするなかでストーリーを構想してきました。多くのビジネスパーソンの皆様にお世話になりました。

　ソニーグループの専務執行役CHRO・中国総代表の安部和志様には感謝申し上げます。中核管理職という言葉が私の頭の中で鮮明なイメージを得たのは安部様との会話の機会を通したものでした。安部様とともに人事部門で長く活躍されている黒木貴志様、本書でも取り上げたStartup Acceleration部門の小田島伸至様には貴重なお話を伺いました。

　パナソニックノースアメリカのCEOであるメーガン・ミュンワン・リー様、パナソニック ホールディングスのグループCHRO三島茂樹様、戦略人事部長の盛山光様、くらしアプライアンス社のCHRO塔之岡康雄様には様々なアイデアをいただきました。

　トヨタ自動車におかれましては東崇徳総務・人事本部長をはじめ、多くの人事関係者の皆様から多くのことを学ぶことができました。日本企業では初めて３兆円を超える営業利益を達成する会

社の力の中心は現場で奮闘する社員にあることを常に感じています。

「ともに挑む。ともに実る。」をブランドのメッセージに掲げ、日本の国力復活に貢献しようとするみずほフィナンシャルグループの上ノ山信宏CHRO、藤浦暁様、目賀田克之様をはじめとする同社人事グループの多くの方々に取材への協力を含めてお世話になりました。コーポレートカルチャー室長の田林健一郎様、同室のメンバーの皆様には沢山の会話の機会をいただき、いろいろなインスピレーションをいただきました。

多様な産業に接して事業を展開し、人が価値創造の源泉といえる三菱商事人事部の柏原玲子人事部長、田中啓介様、塚田光様、菅野裕也様ほかメンバーの皆様との意見交換を通じて様々なアイデアをいただきました。ヒューマンリンク株式会社代表取締役社長の濱健一郎様には大変お世話になりました。

世界的な高齢化の中で心臓疾患に関わる医療機器の開発に挑戦を続けるグローバル企業テルモの朝日章吾人財開発室長と金丸知香様からは同社の先進的な人事の取り組みを勉強してきました。

イノベーションを続けバイオ医薬品のリーディングカンパニーとして躍進する中外製薬では矢野嘉行上席執行役員、高田雄介人事部長、永田亮介様、他多くのメンバーの方々から中核管理職の重要性について賛同をいただき元気づけられてきました。

オリックス生命保険の石田雅彦執行役員、的野宏朗人事部長からは中核管理職におけるインクルーシブなリーダーシップ開発の組織的な取り組みを紹介いただきました。理論を理解し、しかし、理論にとどまるのではなく、実務的な実践に結びつける地道なアプローチを学びました。

革新的な事業モデルでポーター賞を受賞されている大同生命保険からは吉井健一人財開発部長より全国の中小事業者の経営を支援する日本における健康経営の先駆的な企業の考え方やアプローチを学びました。

日本全国の中小事業者と協力して日本の生活者の夢と希望の実現を支えるオリエントコーポレーションでは飯盛徹夫社長、宇田真也常務執行役員をはじめ多くの経営幹部、管理者の皆様から学びをいただきました。信販業界の名門と言われる伝統の真髄を極め、未来に向けて先進的なテクノロジーの活用に先んじる人と組織の開発を粘り強く続ける会社の姿に感銘を受けました。

りそなホールディングス執行役を務められた新屋和代様、現・りそなグループCHROの関口英夫様、現・室町支店長の神崎亨様、現・北九州支店長の安達茂弘様にはお世話になりました。2000年代の苦境から完全復活し、リテールファイナンシャルサービスのリーディングカンパニーに成長する原動力となった第一線社員の方々のパワーから学びを得ました。

トヨタファイナンシャルサービスの人事部門で活躍されている番麻紀子様には長きにわたり会話の機会をいただき、勉強させていただきました。

長年の友人であるドリームインスティテュートのお二人の共同経営者、上野和夫様、本郷泰子様には第一線のマネジャーと直接対話できる貴重な機会を提供いただいてきました。

コーン・フェリー・ジャパンの同僚の皆様、滝波純一、五十嵐正樹、柴田彰、酒井博史、岡田靖代、岡部雅仁、増田智史、諏訪亮一、本寺大志、松田清史、秋草美奈子、川島由紀、鈴木康司、菅原一雄、橋本俊之、平川勝子、友成正雄、鈴木貴叔、小椋淳

子、松村蓉子、他多くのメンバーの方々にお世話になりました。元同僚の高野研一氏と山口周氏にはいつも刺激になるアイデアをいただいてきました。

　この本の書名にある「100の基本」はこうした企業で働く大勢の社員の皆様の姿勢、行動を形にして表現したものです。

　過日、日本サッカーがワールドカップ初出場を賭けてアジア最終予選最終戦でそれが絶たれた、いわゆる「ドーハの悲劇」の試合を指揮したオランダ人監督ハンス・オフト氏をフィーチャーしたNHKの番組をたまたま観たのですが、そこでオフト監督は初心者が学ぶべきサッカーの基本は100を超えるといみじくも述べていました。

　スポーツや芸能の世界では小さな基本が多くあり、それを地道に積み上げていく先に栄冠があり奇策はない、と多くの先達が語っています。基本をしっかり身につけること、それが実践で発揮できることが成功の条件ということです。

　最後に本書の編集に関与いただいた根本浩美氏は本書の共同制作者であり徹頭徹尾、パートナーとして我々執筆陣を支えてくださいました。心からお礼申し上げます。

2023年10月

　　　　　　　　　　　筆者を代表して　綱島 邦夫

綱島 邦夫（つなしま くにお）
経営力研究所 代表　コーン・フェリー・ジャパン コンサルタント
University of Pennsylvania, Wharton School, Member of Executive Education Board
慶應義塾大学経済学部、米国ペンシルベニア大学ウォートンスクール卒業（MBA）。野村證券で営業部門、企画部門の業務に従事した後、マッキンゼー・アンド・カンパニーNY事務所に入社。国内外の様々な企業の戦略策定にかかわるコンサルティングを行う。マッキンゼー卒業後は、ラッセルレイノルズ、CSC（Computer Science Corporation）インデクス日本支社長を歴任し、アーサー・D・リトル、ヘイ・グループ（コーン・フェリーの前身の会社の1つ）に顧問として参加。失われた30年の呪縛を解き、大企業の成長力の復活のため、第一線のマネジャーに潜在するパワーを解放する。そのためのアイデアと具体的なソリューションを日本のビジネス社会に提供することをミッションとして活動している。ウォートンスクールが日本企業を対象に開発した女性幹部育成プログラムのアドバイザーを務める。
著書：『ジョブ型と課長の仕事』『強靭な組織を創る経営』『役員になる課長の仕事力』（以上、日本能率協会マネジメントセンター）、『日本の大企業 成長10の法則』『事業を創る人事』『エグゼクティブの悪い癖』『社員力革命』『成功の復讐』（以上、日経BP）

柏倉 大泰（かしわくら ともひろ）
コーン・フェリー・ジャパン コンサルタント
一橋大学社会学部卒業。ネスレの幹部教育機関として設立され、現在は幹部人材の育成に特化したビジネススクールとして知られるIMDでMBAを修了。また人材育成をテーマに一橋ビジネススクール国際企業戦略専攻において博士号も取得。製造業・金融・製薬・運輸・商社・ハイテクなど様々な業界におけるリーダーシップ・組織開発関連のプロジェクトに従事。特に経営幹部を対象としたアセスメント、コーチングやトレーニングプログラムを提供。コーン・フェリー参画以前は複数のコンサルティング会社において組織・人事領域のコンサルティングサービスを経験。海外ビジネススクールのグループ企業において日本の代表取締役を経験。コーチングの国際資格保有。
著書：『LEADERSHIP 2030』（共訳、生産性出版）

吉本 智康（よしもと ともやす）
コーン・フェリー・ジャパン コンサルタント
上智大学法学部卒業。大手企業からベンチャー企業まで、また製造業から金融機関、IT、エンタメ、欧米のラグジュアリーブランド、行政機関まで、国内外を問わずあらゆる企業・組織に対して、組織と人事に関するコンサルティングを行う。主な領域として、組織変革、チェンジマネジメント、M&A後のPMI、目標管理・人事評価制度の設計/定着支援/効果測定、理念浸透、コンピテンシーの設計/定着支援、次世代経営リーダー育成、管理職登用アセスメント、コーチング、ダイバーシティ導入支援などに関するプロジェクトの企画・設計・実行に従事している。また、管理職向けおよびリーダー向けの研修講師やファシリテーター、コーチとして、毎年数十回、評価者研修やマネジメント/リーダーシップ開発、個別コーチング、グループコーチングなどを行っている。対象層も、役員から新任課長まで全管理職層を担当し、延べ受講者数は15,000人を超える。

マネジャーの仕事100の基本

2023 年 11 月 10 日　初版第 1 刷発行

著　者——綱島 邦夫　柏倉 大泰　吉本 智康
発行者——張 士洛
発行所——日本能率協会マネジメントセンター
〒 103-6009 東京都中央区日本橋 2-7-1　東京日本橋タワー

TEL 03(6362)4339(編集)／03(6362)4558(販売)
FAX 03(3272)8127(編集・販売)
https://www.jmam.co.jp/

装　　丁——重原 隆
本文 DTP——株式会社森の印刷屋
編集協力——根本浩美（赤羽編集工房）
印 刷 所——広研印刷株式会社
製 本 所——東京美術紙工協業組合

ISBN 978-4-8005-9147-0　C2034
落丁・乱丁はおとりかえします。
PRINTED IN JAPAN

ジョブ型と課長の仕事
役割・達成責任・自己成長

綱島邦夫［著］

四六判並製272ページ

「競争に勝つから結果を出す」「競争戦略から戦わずして勝つ」「管理者から支援者」「部下からパートナー」「中間管理職から中核管理職」―ジョブ型時代のマネジメントスキルを身につける！

強靭な組織を創る経営
予測不能な時代を生き抜く成長戦略

綱島邦夫［著］

四六判上製384ページ

マッキンゼーNYやコーン・フェリー・ジャパンなどの敏腕コンサルタントとして国内外の有力企業の経営課題を解決してきた著者が大胆に説く、これからの日本企業の経営指針！

成人発達理論から考える
成長疲労社会への処方箋

加藤洋平［著］

四六判並製312ページ

競争社会により、私たち自身が無自覚に行っている自己搾取的な成長の問題に気づき、「ハッスルカルチャー」から脱却しよう！　新自由主義社会における「人生を豊かにする」実践的成長論。

成人発達理論による能力の成長
ダイナミックスキル理論の実践的活用法

加藤洋平［著］

A5判上製312ページ

人間の器（人間性）と仕事の力量（スキル）の成長に焦点を当てた、カート・フィッシャー教授が提唱する「ダイナミックスキル理論」に基づく能力開発について事例をもとに解説する。

日本能率協会マネジメントセンター